Kauderwelsch
Band 98

Impressum

Dragoslav Jovanović
Kroatisch — Wort für Wort
erschienen im
REISE KNOW-HOW Verlag Peter Rump GmbH
Osnabrücker Str. 79, D-33649 Bielefeld
info@reise-know-how.de

© REISE KNOW-HOW Verlag Peter Rump GmbH
7. Auflage 200
Konzeption, Gliederung, Layout und Umschlagklappen
wurden speziell für die Reihe „Kauderwelsch" entwickelt
und sind urheberrechtlich geschützt.
Alle Rechte vorbehalten.

Bearbeitung	Claudia Schmitt
Aktualisierung & Layout	Svenja Lutterbeck
Layout-Konzept	Günter Pawlak, FaktorZwo! Bielefeld
Umschlag	Peter Rump
Kartographie	Iain Macneish
Fotos	Peter & Rainer Höh
Druck und Bindung	Wilhelm & Adam, Heusenstamm; Buchbinderei Keller, Fulda

ISBN 3-89416-386-2
Printed in Germany

Dieses Buch ist erhältlich in jeder Buchhandlung der BRD,
Österreichs, der Schweiz und der Benelux. Bitte informieren
Sie Ihren Buchhändler über folgende Bezugsadressen:

BRD	Prolit GmbH, Postfach 9, 35461 Fernwald (Annerod)
	sowie alle Barsortimente
Schweiz	AVA-buch 2000, Postfach 27, CH-8910 Affoltern
Österreich	Mohr Morawa Buchvertrieb GmbH
	Sulzengasse 2, A-1230 Wien
Belgien & Niederlande	Willems Adventure, Postbus 403, NL-3140 AK Maassluis
direkt	Wer im Buchhandel kein Glück hat, bekommt unsere Bücher

zuzüglich Porto und Verpackungskosten auch direkt über
unseren Internet-Shop: www.reise-know-how.de
Zu diesem Buch ist ein **AusspracheTrainer** erhältlich, ebenfalls in jeder Buchhandlung der BRD, Österreichs, der
Schweiz und der Benelux-Staaten.
Der Verlag möchte die **Reihe Kauderwelsch**
weiter ausbauen und **sucht Autoren**! Mehr Informationen finden Sie auf unserer Internetseite www.reise-know-
how.de/buecher/special/schreiblust-inhalt.html

Kauderwelsch

Dragoslav Jovanović

Kroatisch
Wort-für-Wort

REISE KNOW-HOW
im Internet
www.reise-know-how.de
info@reise-know-how.de

*Aktuelle Reisetipps
und Neuigkeiten,
Ergänzungen nach
Redaktionsschluss,
Büchershop und
Sonderangebote
rund ums Reisen*

Kauderwelsch-Sprechführer sind anders!

Warum? Weil sie Sie in die Lage versetzen, wirklich zu sprechen und die Leute zu verstehen.

Wie wird das gemacht? Abgesehen von dem, was jedes Sprachbuch bietet, nämlich Vokabeln, Beispielsätze etc., zeichnen sich die Bände der Kauderwelsch-Reihe durch folgende Besonderheiten aus:

Die **Grammatik** wird in einfacher Sprache so weit erklärt, dass es möglich wird, ohne viel Paukerei mit dem Sprechen zu beginnen, wenn auch nicht gerade druckreif.

Alle Beispielsätze werden doppelt ins Deutsche übertragen: zum einen **Wort-für-Wort**, zum anderen in „ordentliches" Hochdeutsch. So wird das fremde Sprachsystem sehr gut durchschaubar. Denn in einer fremden Sprache unterscheiden sich z. B. Satzbau und Ausdrucksweise recht stark vom Deutschen. Ohne diese Übersetzungsart ist es so gut wie unmöglich, schnell einzelne Wörter in einem Satz auszutauschen.

Die **Autorinnen** und **Autoren** der Reihe sind Globetrotter, die die Sprache im Land selbst gelernt haben. Sie wissen daher genau, wie und was die Leute auf der Straße sprechen. Deren Ausdrucksweise ist nämlich häufig viel einfacher und direkter als z. B. die Sprache der Literatur oder des Fernsehens.

Besonders wichtig sind im Reiseland **Körpersprache, Gesten, Zeichen** und **Verhaltensregeln**, ohne die auch Sprachkundige kaum mit Menschen in guten Kontakt kommen. In allen Bänden der Kauderwelsch-Reihe wird darum besonders auf diese Art der nonverbalen Kommunikation eingegangen.

Kauderwelsch-Sprechführer sind keine Lehrbücher, aber viel mehr als Sprachführer! Wenn Sie ein wenig Zeit investieren und einige Vokabeln lernen, werden Sie mit ihrer Hilfe in kürzester Zeit schon Informationen bekommen und Erfahrungen machen, die „taubstummen" Reisenden verborgen bleiben.

Inhalt

9 Vorwort
10 Hinweise zur Benutzung
13 Leute & Sprache
17 Alphabet & Aussprache
22 Wörter, die weiterhelfen

Grammatik
23 Zahl & Geschlecht
25 Hauptwörter
26 Persönliche Fürwörter
27 Persönliche Fürwörter & „sein"
29 Eigenschaftswörter
33 Steigern & Vergleichen
35 Umstandswörter
37 Besitzanzeigende Fürwörter
39 Tätigkeitswörter
48 Aspekte
51 Verneinung
54 Bindewörter
56 Verhältniswörter & Fälle
62 Beugung der persönlichen Fürwörter
64 Fragen & Zeigen
69 Etwas, Alles oder Nichts
70 Wortstellung
72 Zahlen & Zeitangaben
81 Mengenangaben
83 Ort & Richtung

Konversation

 87 Kurz-Knigge
 94 Begrüßung & Abschied
 95 Anrede
 98 Die Familie
100 Beziehungen & Ehe
101 Redewendungen
107 Vorstellen
109 Zu Gast sein
118 Unterkunft
122 Essen & Trinken
126 Unterwegs
135 Einkaufen
143 Das liebe Geld
146 Büros, Ämter & Bürokratie
149 Post
150 Telefon & Internet
155 Krank sein
158 Schimpfen & Fluchen

Anhang

166 Literaturhinweise
167 Wörterliste Deutsch – Kroatisch
180 Wörterliste Kroatisch – Deutsch
192 Der Autor
Buchklappe *Zahlen*
vorne *Aussprache & Abkürzungen*
      Nichts verstanden? – Weiterlernen!
Buchklappe *Die wichtigsten Floskeln und Redewendungen*
hinten *Die wichtigsten Fragen*
      Die wichtigsten Fragewörter, Richtungsangaben
      & Zeitangaben

Vorwort

Spricht man denn im Touristenland Kroatien nicht Deutsch? Aber sicher! Wozu denn dann Kroatisch lernen?

Wer den Wunsch hegt, die Menschen und ihr Leben wirklich kennen zu lernen, der bemüht sich halt, mit den Worten des anderen zu reden. Für sein Bemühen wird man spätestens dann entlohnt werden, wenn die ersten Kroaten freudig überrascht lächeln: Es ist nämlich gleichzeitig ein tolles Kompliment, das man ihnen damit macht. Sie werden sich dadurch revanchieren, dass sie den Kunden als Gast und, wenn Sie so wollen, auch als Menschen ernster nehmen.

Noch eine letzte Bemerkung, bevor es losgeht. Auch wenn Ihnen Ihre eigenen Sätze oft falsch vorkommen, sprechen Sie so viel wie möglich! Nur so lernen Sie. Machen Sie ruhig Fehler. Nur wer viel „Kauderwelsch" redet, wird verstanden - und lernt etwas dazu! Die besten und geduldigsten Lehrer werden die Gastgeber, Bekannten und Freunde in Kroatien sein.

Hinweise zur Benutzung

Um sprechen zu können, ist es unerlässlich zu erfahren, wie die Sprache funktioniert. In dieses Unterfangen muss schon etwas Arbeit investiert werden, die leider auch dieses Büchlein nicht ganz ersparen kann. Aber es kann beim Verstehen des Aufbaus der Sprache durch zwei Besonderheiten besonders gut helfen – seinen Grammatikteil und seine Wort-für-Wort-Übersetzungen.

Grammatik Grammatik zu büffeln führt, wie Sie wohl aus eigener Schulerfahrung wissen, nicht dazu, dass man nach dem letzten Kapitel losplaudert. Lesen Sie sie durch, damit Sie wissen, was interessant und was schwierig ist, und vor allem, wo es steht.

Wort-für-Wort-Übersetzung In der Wort-für-Wort-Übersetzung wird erkennbar, wie logisch – oder seltsam – die Sätze und Formen des Kroatischen gebaut sind. Genau so kann man selbst – ohne Übertreibung! – unendlich viele Sätze produzieren. Was man nicht sagen will: raus damit. Was man braucht: an entsprechender Stelle einbauen oder anfügen.

Konversation Die Sätze im Konversationsteil sind also kein Vorrat an Verslein für alle Lebenslagen – so dick kann gar kein Sprachführer sein, selbst wenn es jemanden gäbe, der ihn auswendig lernen könnte – vielmehr sollen sie als

Steinbruch für die eigene Sprachproduktion dienen. Wenn dann etwas an ihnen nicht klar ist – dazu ist die Grammatik da.

Und noch eines: Die Sätze im Konversationsteil habe ich aus der einfachen Umgangssprache „gefischt"; und zwar so frisch wie irgend möglich, denn manchmal kommt auch die Alltagssprache doch recht verworren daher.

Abschließend noch ein Tipp zum Wortschatz: fast jedes Fremdwort im Deutschen gibt es auch im Kroatischen (**muzika, aktualan, moment, aparat, interesantno ...**) und dazu noch viele deutsche Wörter (**štimati, ratkapna, majstor, farba, šnicla** ...). Also, ruhig improvisieren!

Die Umschlagklappe hilft, die wichtigsten Sätze und Formulierungen stets parat zu haben. Hier finden sich außerdem die wichtigsten Angaben zur Aussprache und die Abkürzungen, die in der Wort-für-Wort-Übersetzung und in den Wörterlisten verwendet werden; weiterhin eine kleine Liste der wichtigsten Fragewörter, Richtungs- und Zeitangaben. Wer ist nicht schon einmal aufgrund missverstandener Gesten im fremden Land auf die falsche Fährte gelockt worden?

Umschlagklappe

Aufgeklappt ist der Umschlag eine wesentliche Erleichterung, da nun die gewünschte Satzkonstruktion mit dem entsprechenden Vokabular aus den einzelnen Kapiteln kombiniert werden kann.

Wenn alles nicht mehr weiterhilft, dann ist vielleicht das Kapitel „Nichts verstanden? – Weiterlernen!" der richtige Tipp. Es befindet sich ebenfalls im Umschlag, stets bereit, mit der richtigen Formulierung für z. B. „Ich verstehe leider nicht." oder „Können Sie das bitte wiederholen?" auszuhelfen.

A · Graz

UNGARN

Szeged

Ljubljana · Pécs

SLO · Zagreb

Vojvodina

RUMÄNIEN

KROATIEN · Osijek · Novi Sad

Rijeka ·

BOSNIEN-
HERZE-
GOWINA

Beograd

· Zadar

Split · Sarajevo

Serbien

BG

Adriatisches Meer

YUGOSLAVIJA

Monte-
negro · Kosovo · Sofija

ITALIEN

· Skopje

MK

· Tirana

AL

GR

100 km

Leute & Sprache

Im Jahr 1990 hat Europa ein Land namens **Hrvatska** entdeckt. Was vielen vorher nur als Küstenstreifen an der Adria oder engere Heimat jugoslawischer Kollegen und Wirtsleute bekannt war, wurde am 25.6.1991 „plötzlich" zu einem eigenen Staat mit komplizierter Geschichte und dramatischer Gegenwart. Wir kennen, scheint's, unsere Nachbarn schlecht.

Upoznajmo se!   Lernen wir uns kennen!

Die Kroaten sind selbst sehr mit ihrer Selbstfindung und -bestimmung beschäftigt. Ehrliches Interesse kommt sehr gelegen. Man darf neugierig sein auf und in Kroatien.

Samo pitajte!   Fragen Sie nur!

Sie werden viel von der Geschichte des Landes hören: von der kurzen echten Eigenstaatlichkeit im Mittelalter. Von der Fremdbestimmung, je nach Region aus Budapest, Wien, Venedig, ja sogar Istanbul und Paris. Natürlich vom Verhältnis zum östlichen Nachbarn, den Serben, deren Serbisch dem Kroatischen ähnlich ist, wodurch sich Serben und Kroaten sprachlich besonders gut und leicht verstehen, jedoch auch leicht beschimpfen und verfluchen können.

Leute & Sprache

Von den siebzig Jahren im gemeinsamen Staat Jugoslawien, das zuerst monarchisch, später kommunistisch, aber immer streng war, und das die Kroaten weit weniger als ihre Heimat akzeptierten als die Serben. Von der Loslösung, dem Krieg und seinen grausamen Folgen schließlich.

Alle Zeiten haben Spuren in Kroatien hinterlassen, vor allem aber Menschen. Es leben viele Ungarn, Moslems, Italiener und Serben mit den Kroaten. **Hrvati** nennen sie sich auch in der Herzegowina und Serbien, in Amerika und Australien – und natürlich gleich bei Ihnen in der Nachbarschaft, insgesamt mehrere hunderttausend **gastarbajteri** in den deutschsprachigen Ländern.

Sie werden die in manchem recht unterschiedlichen Landesteile kennen lernen. Das weite, ebene **Slavonija** (Slawonien) an der Grenze zu Ungarn, am **Jadran** (Adria) die venezianisch-mediterran geprägten **Istra** (Istrien) und **Dalmacija** (Dalmatien) mit ihren 2000 **otoci und otočići** (Inseln und Inselchen), das einst mächtige Kultur- und Handelszentrum **Dubrovnik** ganz im Süden, das ländlich-hügelige Kernland im Norden, in dem die habsburgisch anmutende Metropole **Zagreb** liegt. Vor allem in den Städten werden Ihnen die unterschiedlichen kulturellen Einflüsse nicht entgehen können.

„Exportiert" haben die Kroaten übrigens u. a. die – Krawatte! Das Wort kommt von Kroate und bezeichnete das Halstuch der kroatischen Söldner im 17. Jahrhundert.

Seitenzahlen

Um Ihnen den Umgang mit den Zahlen zu erleichtern, wird auf jeder Seite die Seitenzahl auch in Kroatisch angegeben! Von den Zahlen gibt es auch umgangssprachliche, schnell gesprochene Formen. Sie stehen neben den Seitenzahlen nach dem Schrägstrich.

Mannigfaltig sind auch die Mundarten der zur Zeit 4,3 Millionen Einwohner. Wenn Ihre Gesprächspartner manche Wörter, denen Sie in diesem Büchlein begegnen, vor allem ganz alltägliche, beanstanden, so mag das daran liegen. Eine Zwischenmahlzeit z. B. heißt an der Küste **marenda,** im Norden **gablec** (Gabelfrühstück! **Frištik** gibt's auch. Und wenn es österreichisch „Jause" heißt, dann ist das aus dem Slawischen, zu dem das Kroatische zählt, entliehen: **užina.**) Die Kartoffel heißt hier **patata,** da **krumpir** (Grundbirne = Erdapfel), die Tomate **pomidor** oder **paradajz** (Paradiesapfel), die Soße **šalša** oder **sos,** der Senf **muštarda** oder **senf,** die Weinschorle **bevanda** oder **gemišt,** die Flasche **boca** oder **flaša,** die Flaniermeile **korzo** oder **špica** (Spitze), der Platz **pjaca** oder **plac,** die Treppe **škale** oder **stube** (Stufen) – das eine Mal aus dem Italienischen, das andere Mal aus dem Deutschen.

Übrigens genauso – wenn auch mit Abstrichen – in Bosnien-Herzegowina, Serbien und Montenegro. Als nämlich vor fast 150 Jahren ein Dialekt als Basis für die Hochsprache gewählt wurde, nahm man um der Gemeinsamkeit und der größten Sprecherzahl willen nicht etwa den von Zagreb (oder Belgrad), sondern den von Dubrovnik und der Herzegowina. Lange Zeit hieß die Sprache daher Serbokroatisch, bis die nunmehr getrennten Staaten ihre Amtssprachen eben **hrvatski,** **srpski** (in Restjugoslawien) und neuerdings **bosanski** nannten, letztere besonders für die bosnischen Moslems, die sich in keiner der obigen Bezeichnungen wiederfanden.

Die Unterschiede und Gemeinsamkeiten lassen sich wohl mit denen zwischen britischem und amerikanischem Englisch vergleichen. Es gibt einen wichtigen Unterschied im Lautsystem (**svježe bijelo mlijeko** heißt in Kroatien, Bosnien und Montenegro „frische weiße Milch", in Serbien **sveže belo mleko**) und zahlreiche Differenzen im Wortschatz. Die Grammatik scheint für Nicht-Muttersprachler nahezu identisch zu sein, weist aber im Detail einige, wenn auch nur geringe, Abweichungen auf. Dennoch, oder gerade deshalb, legt man in Kroatien besonderen Wert auf die Eigenständigkeit.

Auch um dem gerecht zu werden, ist dieser Kroatisch-Band als eingehende Überarbeitung des vergriffenen Serbokroatisch-Bandes entstanden.

Obwohl dieser Kroatisch-Band gründlich überarbeitet wurde kann man nicht jedem gerecht werden. Die Sprachforschung schreitet im Moment so schnell voran, dass Wörter, die heute noch als Kroatisch gelten vielleicht schon morgen nicht mehr im Gebrauch sind.

Govorimo hrvatski.   Wir sprechen Kroatisch.

Alphabet & Aussprache

In Kroatien wird nur die lateinische Schrift verwendet.

DŽ, **LJ**, **NJ** sind im lateinischen Alphabet im Grunde zwei Buchstaben. Sie werden jedoch immer als einer gerechnet, und stehen auch hier in der Wörterliste und in allen Wörterbüchern hinter **D**, **L** bzw. **N**.

Kroatisch ist leicht zu lesen: jedem Buchstaben entspricht immer nur ein Laut und jedem Laut genau ein Buchstabe. Der Buchstabe **v** z. B. wird immer wie das deutsche „w" gelesen: **Vera** sprich „Wera", also auch **Eva** sprich „Ewa", nicht „Efa". Für den Laut **f** gibt es ja den Buchstaben **f**, z. B. **folksvagen** (Volkswagen).

Jeder Buchstabe wird einzeln ausgesprochen! Extraregeln für Doppelbuchstaben und Kombinationen wie **ei, eu, ah, oh, st, sp, sch, ch, chs, ck, tz, pf** etc. existieren nicht:

Europa spricht man „E-u-ropa", nicht „Ojropa".

Ansonsten sind die meisten Buchstaben aus dem Deutschen bekannt. Allerdings gibt es folgende Unterschiede:

ä, **ö**, **ü**, **q**, **w**, **x**, **y**, **ß** gibt es im Kroatischen nicht.

Kauderwelsch-AusspracheTrainer

Falls Sie sich die wichtigsten kroatischen Sätze, die in diesem Buch vorkommen, einmal von einem Einheimischen gesprochen anhören möchten, kann Ihnen Ihre Buchhandlung den **AusspracheTrainer** *zu diesem Buch besorgen. Sie bekommen ihn auch über unseren Internetshop* **www.reise-know-how.de** *Alle Sätze, die Sie auf dem* **Kauderwelsch-AusspracheTrainer** *hören können, sind in diesem Buch mit einem* 🔊 *gekennzeichnet. Mehr über den* **Kauderwelsch-AusspracheTrainer** *erfahren Sie auf Seite 164.*

ć, č, š, ž, đ, dž, lj, nj gibt es im Deutschen nicht. Aufpassen: Die Zeichen über den Buchstaben sind kein zufälliger Fliegendreck!

c, s, z, h, j, r, v, z werden z. T. anders gesprochen als im Deutschen.

Selbstlaute

Die kroatischen Selbstlaute gibt es auch im Deutschen: **a, e, i, o, u.** Allerdings klingen **e** und **o** irgendwie anders:

> **e** immer offen und deutlich wie in „Ähre" oder „Ebbe", nicht geschlossen wie in „Ehre" oder gemurmelt wie in „Ebene".
> **o** wie in „**o**ffen", nicht wie in „Ofen".
> Die kroatische Cola klingt wie Kokka-Kolla, die deutsche für Kroaten wie Kuuka-Kuula.

Betonung

Leider sieht man es einem Wort nicht an, ob der Selbstlaut lang ist: **grad** (Stadt), oder kurz: **grad** (Hagel). Ich habe deshalb unter die langen betonten Selbstlaute einen Strich gesetzt: **kupiti** (kaufen), unter die kurzen betonten einen Punkt: **kupiti** (sammeln). Damit ist gleichzeitig die Betonungsstelle gekennzeichnet. Eine allgemeine Regel gibt es dafür leider nicht.

Das **r** kann auch betont, lang und kurz sein: **Besonderheit!**
m**ṛ**kva (Möhre) – c**ṛ**kva (Kirche).

„Typisch deutsch" klingt übrigens ein langes **a**,
o, **i** oder **u** am Wortende oder ein verschlucktes
e. Am Schluss: stoppen!

   Bra**nko**: nicht BrannkOOOH.

   Ve**ra**: nicht VeeerAAAH.

   Mil**e**: Miilä, nicht Miele.

Mitlaute

c	„tz" in „Pla**tz**", „c" in „**C**äsar" niemals „k" oder „tsch"! **pl**a**c, C**e**zar**
č	„tsch" in „**Tsch**eche" **č**e**h**
ć	„tch" in „Brö**tch**en" **B**a**ta** l**li**ć
dž	„dsch" in „**Dsch**ungel" **dž**u**ngla**
đ	etwas weicher als **dž** **M**a**đarska** (Ungarn)
s	stimmloses „s" in „Schu**s**ter". „ss" in „Ka**ss**e", nicht wie in „Hose", „Semmel" **š**u**ster, k**a**sa**
sp	„sp" in „Ra**sp**el", nicht „schp"! **sp**o**rt**
st	„st" in „Ha**st**", nicht „scht"! **st**u**dent**
š	„sch" in „**Sch**uppen" **š**u**pa**

z	stimmhaftes „s" in „Bluse" oder „Sitz", niemals wie „tz"!
	bluza, Zagreb
ž	„j" in „Journal", zweites „g" in „Garage"
	žurnal, garaža
lj	„llj" in „alljährlich", nicht „L-i-j-ub-l-i-j-ana"
	biljar, Ljubljana
nj	„gn" in „Kampagne, Signorina", „nj" in „Tanja", nicht „si-n-i-j-orina"
	sinjorina

Der Unterschied zwischen **č** und **ć** ist nicht nur für Ausländer kaum hörbar, auch viele Kroaten wissen nicht, wie man **čevapčići** schreibt. Bei **dž** und **đ** ist es ähnlich.

Für **lj** und **nj** gibt's einen guten Tipp: so zuckersüß sprechen wie die Tante mit den Kleinkindern: „Nja dju süßes Kljeinjes!" Na, klebt die Zunge am Gaumen? Voilà!

Aufpassen bei folgenden Lauten:

h	raues „ch" in „Koch, Krach", nicht weich wie in „Küche"
	kuhar, krah
j	„j" in „Jacke", nie wie in „Journal" oder „Jack"
	jakna
v	„w" in „Wasser", „v" in „Vampir", niemals „f" wie in „fliegen"
	veš „Wäsche", **vampir**
r	gerollt!
	hrvatski

eiterhelfen

Mit den folgenden Ausdrücken kann man chon das Wichtigste auf Kroatisch sagen:

Dobar dan!	Guten Tag!
Pardon, ...	Pardon, ...
Molim vas, ...	Hallo, bitte, ...

Gdje je ...?	Wo ist ...?
Gdje ima ... ?	Wo gibt es ...?
Ima li ovdje ...?	Gibt es hier ...?
Tražim ...	Ich suche ...
Koliko košta ...?/	Wie viel kostet ...?
Pošto je ...?	
Dajte mi, molim, ...	Geben Sie mir bitte ...
Što je to?	Was ist das?
To je ...	Das ist ...

Mogu li?	Kann ich? Darf ich?
Mogu li pušiti?	Darf ich rauchen?
Da!	Ja!
Ne!	Nein!
Evo!	Da!
Evo ti! Evo vam!	Da hast Du!
	Da haben Sie!

Kako se ide u ...?	Wie kommt man nach ...?
Odvezite me, molim vas, do ...	Fahren Sie mich bitte zu/nach ... (im Taxi)

Zahl & Geschlecht

Zu Beginn des Grammatikteils schon mal **Satzbau**
eine gute Nachricht: Es gibt keine festgelegte
Reihenfolge der Wortstellung im Kroatischen.
Bei einfachen Sätzen kann man sich an die
deutsche Satzstellung halten, muss dies aber
nicht.

Ich fange mit Zahl & Geschlecht an, weil sie
sich als roter Faden durch die folgenden
Kapitel hindurchziehen. Bei Unklarheiten
besteht dann immer die Möglichkeit, hier
nachzusehen.

Worum geht es? Ein Kennzeichen des Kroatischen ist, dass sich die meisten Worte je
nach dem Zusammenhang verändern, in dem
sie stehen, und eine besondere Zeit, ein Geschlecht, einen Fall ausdrücken. Und zwar
verändern sie sich immer am Schluss des
Wortes – in der Endung.

Im Kroatischen gibt es, wie im Deutschen,
für alle Haupt- und Eigenschaftswörter sowie
für manche Frage- und Fürwörter drei Ge-
schlechter: männlich, weiblich und sächlich,
dazu jeweils Einzahl und Mehrzahl. All das ist
an den Endungen erkennbar.

	Einzahl:	Mehrzahl:
männlich:	Mitlaut	**-i**
weiblich:	**-a**	**-e**
sächlich:	**-o** oder **-e**	**-a**

In einem Satz stimmen Zahl und Geschlecht von zusammengehörenden Haupt-, Frage-, Für- und Eigenschaftswörtern immer überein, z. B.:

Einzahl	
männlich:	**Ọn je mọj dọbar prijatelj.**
	Er ist mein guter Freund.
weiblich:	**Ọna je mọja dọbra prijatẹljica.**
	Sie ist meine gute Freundin.
sächlich:	**Ọno je mọje dọbro dijẹte.**
	Es ist mein gutes Kind.

Mehrzahl	
männlich:	**Ọni su mọji dọbri prijatelji.**
	Sie sind meine guten Freunde.
weiblich:	**Ọne su mọje dọbre prijatẹljice.**
	Sie sind meine guten Freundinnen.
sächlich:	**Ọna su mọja dọbra djẹca.**
	Sie sind meine guten Kinder.

Ab und zu tanzen die Endungen ziemlich aus der Reihe, da hilft kein Reimschema mehr. Doch in solchen Momenten kommt man mit beherztem Kauderwelsch weiter als mit zögerlicher Pedanterie.

Hauptwörter

Vorsicht: Es ist im Kroatischen wichtig, den letzten Buchstaben zu beachten. Wohlgemerkt: Artikel (der, die, das; ein, eine) gibt es nicht.

Einzahl		Mehrzahl		
Mitlaut	**prijatelj**	**-i**	**prijatelji**	*männlich*
	Freund		Freunde	
-a	**godina**	**-e**	**godine**	*weiblich*
	Jahr		Jahre	
	prijateljica		**prijateljice**	
	Freundin		Freundinnen	
-o	**jelo**	**-a**	**jela**	*sächlich*
	Speise		Speisen	
-e	**more**		**mora**	
	Meer		Meere	

Ausnahmen:

Einzahl		Mehrzahl		
Mitlaut	**grad**	**-ovi**	**gradovi**	*männlich*
	Stadt		Städte	
Mitlaut	**stvar**	**-i**	**stvari**	*weiblich*
	Sache,		Sachen,	
	Ding		Dinge	

Internationale Begriffe wie **bife** (Buffet), **taksi, auto, radio** sind auch männlich.

Persönliche Fürwörter

Die persönlichen Fürworter entsprechen bis auf zwei Ausnahmen der deutschen Einteilung. Im Kroatischen verwendet man für die höfliche Anrede „Sie" die Form **vi** (ihr). Für das Mehrzahl-„sie" gibt es, je nach Geschlecht, verschiedene Formen.

ja	ich	**mi**	wir
ti	du	**vi**	ihr/Sie (höflich)
on	er	**oni**	sie (männlich)
ona	sie	**one**	sie (weiblich)
ono	es	**ona**	sie (sächlich)

Persönliche Fürwörter & „sein"

Ähnlich wie das unpersönliche Fürwort „man" im Deutschen lässt sich außerdem das kroatische Fürwort **se** (sich) benutzen.

ja sam	ich bin	**mi smo**	wir sind	*sein* (biti-sam)
ti si	du bist	**vi ste**	ihr seid/ Sie sind	
on je	er ist	**oni su**	sie sind (männlich)	
ona je	sie ist	**one su**	sie sind (weiblich)	
ono je	es ist	**ona su**	sie sind (sächlich)	

Petar i Anton – oni su prijatelji.   *(sie, Mz männlich)*
Peter und Anton – sie sind Freunde.

Vera i Ana – one su prijateljice.   *(sie, Mz weiblich)*
Vera und Anna – sie sind Freundinnen.

Wichtig:

Da sich im Kroatischen alle Formen für „sein" voneinander unterscheiden, lässt man die persönlichen Fürwörter meistens weg.

Ja sam prijatelj.   **Prijatelj sam.**
ich bin Freund   *Freund bin*
        Ich bin ein Freund.

Tạko je!
so ist
So ist es!

Kạko ste?
wie seid/sind
Wie geht es euch/Ihnen?

Kạko si?
wie bist
Wie geht's dir?

Hvạla, dọbro sam.
danke gut bin
Danke, es geht mir gut.

Die Verneinung von „sein" erfolgt mit der Vorsilbe **ni-**:

(ja)	nịsam	ich bin nicht
(ti)	nịsi	du bist nicht
(on)	nịje	er ist nicht
(ọna)	nịje	sie ist nicht
(ọno)	nịje	es ist nicht
(mi)	nịsmo	wir sind nicht
(vi)	nịste	ihr seid nicht/Sie sind nicht
(ọni)	nịsu	sie sind nicht (männlich)
(ọne)	nịsu	sie sind nicht (weiblich)
(ọni)	nịsu	sie sind nicht (sächlich)

(Mị) nịsmo prijatẹljice.
(wir) nicht-sind Freundinnen
Wir sind keine Freundinnen.

Kạko je?
wie ist
Wie ist es?

Nịje dọbro.
nicht-ist gut
Nicht gut.

Eigenschaftswörter

Die Eigenschaftswörter beziehen sich in Zahl und Geschlecht immer auf das Hauptwort.

Einzahl		Mehrzahl		
dobar	**loš**	**dobri**	**loši**	*männlich*
guter	schlechter	gute	schlechte	
dobra	**loša**	**dobre**	**loše**	*weiblich*
gute	schlechte	gute	schlechte	
dobro	**loše**	**dobra**	**loša**	*sächlich*
gutes	schlechtes	gute	schlechte	

Die Endungen sind ja bereits bekannt. Hier einige häufige Eigenschaftswörter:

nov, nova, novo	neu
star, stara, staro	alt
mlad, mlada, mlado	jung
mali, mala, malo	klein
velik, velika, veliko	groß
skup, skupa, skupo	teuer
jeftin, jeftina, jeftino	billig
mek, meka, meko	weich
tvrd, tvrda, tvrdo	hart

Männliche Eigenschaftswörter tanzen manchmal aus der Reihe:

umoran, umorna, umorno	müde
svjež, svježa, svježe	frisch
ružan, ružna ružno	hässlich
lijep, lijepa, lijepo	schön
prazan, prazna, prazno	leer
pun, puna, puno	voll
sretan, sretna, sretno	glücklich
tužan, tužna, tužno	traurig
težak, teška, teško	schwer/schwierig
lak, laka, lako	leicht /einfach
bolestan, bolesna, bolesno	krank
zdrav, zdrava, zdravo	gesund
topao, topla, toplo	warm
hladan, hladna, hladno	kalt
zao, zla, zlo	böse, schlecht
drag, draga, drago	lieb, nett
debeo, debela, debelo	dick
tanak, tanka, tanko	dünn
cio, cijela, cijelo	ganz
pokvaren, pokvarena, pokvareno	kaputt

Bei den männlichen Eigenschaftswörtern gibt
es eine Alternativform auf **-i**. Man leitet sie
von der weiblichen ab; z. B. bei **cio**:

godina	**cijela godina**	**cijeli dan**
ist weiblich	*ganze Jahr*	*ganzer Tag*
	Das ganze Jahr	Der ganze Tag

Haupt- und Eigenschaftswort stimmen auch
in Sätzen mit „sein" in Zahl und Geschlecht
immer überein:

tužna prijateljica
traurige Freundin
die traurige Freundin

Ona je tužna.
sie ist traurige
Sie ist traurig.

toplo more
warmes Meer
das warme Meer

More je toplo.
Meer ist warmes
Das Meer ist warm.

Ovaj grad je star.
dieser Stadt ist alter(m!)
Diese Stadt ist alt.

Ovi gradovi su stari.
diese Städte sind alte
Diese Städte sind alt.

Das gilt auch für das natürliche Geschlecht
von Sprecher und Angesprochenem!

Man sagt also:

als Mann:
Ja sam sretan.
ich bin glücklicher(m)
Ich bin glücklich/froh.

als Frau:
Ja sam sretna.
ich bin glückliche(w)
Ich bin glücklich/froh.

zu Männern:
Ti nisi bolestan.
du nicht-bist kranker(m)
Du bist nicht krank.

zu Frauen:
Ti nisi bolesna.
du nicht-bist kranke(w)
Du bist nicht krank.

Farben

Farben heißen im Kroatischen **boje**.

bijel, bijela, bijelo	weiß
siv, siva, sivo	grau
crn, crna, crno	schwarz
žut, žuta, žuto	gelb
narandžast, narandžasta, narandžasto	orange
crven, crvena, crveno	rot
ljubičast, ljubičasta, ljubičasto	violett
plav, plava, plavo	blau
zelen, zelena, zeleno	grün
smeđ, smeđa, smeđe	braun
šaren, šarena, šareno	bunt
tamno-	dunkel-
svijetlo-	hell-

Steigern & Vergleichen

Die 1. und 2. Steigerungsform ist super unregelmäßig:

steigern

Am besten sagt man:

više topao/topla nego **n<u>a</u>više topao/topla**
mehr warm(m/w) als *am meisten warm(m/w)*
wärmer als am wärmsten

T<u>o</u> m<u>o</u>žda nije lij<u>e</u>po, <u>a</u>li je l<u>a</u>kše!
das vielleicht nicht-ist schön aber ist leichter
Das ist vielleicht nicht schön, aber leichter!

Ansonsten wimmelt es von komplizierten Formen:

topao	topliji	n<u>a</u>jtopliji
warm	wärmer	am wärmsten
l<u>a</u>k	l<u>a</u>kši	n<u>a</u>jlakši
leicht	leichter	am leichtesten
d<u>o</u>bar	b<u>o</u>lji	n<u>a</u>jbolji
gut	besser	am besten
m<u>a</u>li	m<u>a</u>nji	najmanji
klein	kleiner	am kleinsten
v<u>e</u>lik	v<u>e</u>ći	n<u>a</u>jveći
groß	größer	am größten

vergleichen

Möchte man Sachen oder Personen miteinander vergleichen, sagt man:

(isto tạko) ... kạo   (genauso) ... wie

Jạ sam ụmoran kạo pạs.
ich bin müder(m!) wie Hund
Ich bin hundemüde.

Tị si ịsto tạko ụmorna kạo jạ.
du bist auch so müde(w!) wie ich
Du bist genauso müde wie ich.

Sind die Sachen oder Personen unterschiedlich, sagt man:

(jọš vịše) ... nẹgo   (noch mehr) ... als

Ọva gọdina je jọš tọplija nẹgo ọna.
diese Jahr(w!) ist noch wärmere(w!) als jene
Dieses Jahr ist noch wärmer als das andere.

Die 2. Steigerungsform (Superlativ) zeigt die Vorsilbe **nạj**- an:

Ọvo jẹlo nịje bạš nạjtoplije!
dieses Essen nicht-ist gerade allerwärmeres
Dieses Essen ist nicht gerade das wärmste!

Umstandswörter

Umstandswörter entsprechen den sächlichen Formen der Eigenschaftswörter. Sie enden also auf **-o**, manche auf **-e**.

Ọna je lijẹpa.	Sie ist schön.	*Eigenschaftswort*
Ọna pjẹva lijẹpo.	Sie singt schön.	*Umstandswort*

dọbro	gut (von **dọbar**)
lọše	schlecht (von **lọš**)
tọčno	genau, richtig (von **tọčan**)
pọgrešno	falsch (von **pọgrešan**)
bŗzo	schnell (von **bŗz**)
polạko	langsam

Gesteigert wird wie bei den Eigenschaftswörtern:

rạdo	**rạdije**	**nạjradije**
gerne	lieber	am liebsten
dọbro	**bọlje**	**nạjbolje**
gut	besser	am besten
dalẹko	**dạlje**	**nạjdalje**
weit	weiter	am weitesten

Die folgenden Umstandswörter sind wichtig:

jako	sehr, stark
veoma, vrlo	sehr
mnogo, puno	sehr, viel
više	mehr
previše	zu sehr, zu viel
dosta	ziemlich
nekako	irgendwie
uopće	überhaupt
čak	sogar
baš	genau, richtig
jedva	kaum
malo	wenig
manje	weniger
premalo	zu wenig
isto, također	auch
nešto	etwas
samo	nur, lediglich
ipak	trotzdem

Wenn z. B. das Wörtchen **previše** in den folgenden Sätzen durch andere Worte aus der Liste ersetzt wird, ergeben sich eine ganze Menge qualifiziert klingender Äußerungen:

Jelo je previše skupo.
Essen ist zu-sehr teuer
Das Essen ist zu teuer.

Ovdje se previše puši.
hier sich zu-sehr raucht
Hier raucht man zu viel.

Besitzanzeigende Fürwörter

Die besitzanzeigenden Fürwörter können wie Eigenschaftswörter gebraucht werden:

mein	**moj, moja, moje**
dein	**tvoj, tvoja, tvoje**
unser	**naš, naša, naše**
euer/Ihr	**vaš, vaša, vaše**

moj prijatelj	mein Freund
moji prijatelji	meine Freunde
tvoja prijateljica	deine Freundin
tvoje prijateljice	deine Freundinnen
naše jelo	unser Essen
vaša jela	eure/Ihre Speisen

Der Anfang richtet sich nach dem Besitzer (ich, du ...), die Endung nach dem Besitz (männlich, weiblich, sächlich, Mehrzahl), wie im Deutschen.

Einzahl				
mein	dein	sein	ihr	
moj	**tvoj**	**njegov**	**njezin**	*männlich*
moja	**tvoja**	**njegova**	**njezina**	*weiblich*
moje	**tvoje**	**njegovo**	**njezino**	*sächlich*

Mehrzahl				
meine	deine	seine	ihre	
moji	**tvoji**	**njegovi**	**njezini**	*männlich*
moje	**tvoje**	**njegove**	**njezine**	*weiblich*
moja	**tvoja**	**njegova**	**njezina**	*sächlich*

	Einzahl			
	unser	euer/Ihr	ihr	wessen?
männlich	**naš**	**vaš**	**njihov**	**čiji**
weiblich	**naša**	**vaša**	**njihova**	**čija**
sächlich	**naše**	**vaše**	**njihovo**	**čije**

	Mehrzahl			
	unsere	eure/Ihre	ihre	wessen?
männlich	**naši**	**vaši**	**njihovi**	**čiji**
weiblich	**naše**	**vaše**	**njihove**	**čije**
sächlich	**naša**	**vaša**	**njihova**	**čija**

Bei Personen und Namen wird das „Besitzver-
hältnis" durch die gleichen Endungen wie bei
„sein" (-**ov**, -**ova**, -**ovo**) und „ihr" (Ez) (-**in**, -**ina**,
-**ino**) ausgedrückt.

Besitzer männlich: -ov-	
Davors	**Davorov, -a, -o**
	von: **Davor**
Chefs	**šefov,-a,-o**
	von: **šef**

Besitzerin weiblich: -in-	
Mirjanas	**Mirjanin,-a,-o**
	von: **Mirjana**
Muttis	**mamin, -a, -o**
	von: **mama**

Davor je njezin (Mirjanin, mamin) prijatelj.
Davor ist ihr (Mirjanas, Muttis) Freund.

Mirjana je njegova (Davorova, šefova) prijateljica.
Mirjana ist seine (Davors, Chefs) Freundin.

Tätigkeitswörter

In jedem Wörterbuch stehen die Verben in der Grundform, die an der Endung **-ti** oder **-ci** erkennbar ist. Aber natürlich treten auch sie je nach Zusammenhang (Zeit, Person) in veränderten Formen auf, die sich von zwei sogenannten Stammformen ableiten lassen:

von der Grundform: **glẹdati**
                       schauen,

sowie der Gegenwart: **(ja) glẹdam**
                       (ich) schaue.

So stehen sie auch in der Wörterliste im Anhang:

pịsati-pịšem	schreiben
vọljeti-vọlim	lieben, mögen
ịći-ịdem	gehen

Da sich beide Formen stark unterscheiden können, ist es am besten, gleich beide zu lernen!

Gegenwart

Wie gesagt, die zweite Stammform ist immer eine Form der Gegenwart, und zwar die Form für „ich": also **pịsati – pịšem** (schreiben - ich schreibe). Wieder erfolgt die Beugung durch Verändern der Endung.

Wichtig:
Die Kroaten lassen die persönlichen Fürwörter meist weg. Deshalb stehen sie auf der folgenden Seite in Klammern.

Es gibt nur drei Beugungstypen:

mit **a**:	**-am, -aš, -a, -amo, -ate, -aju.**
mit **e**:	**-em, -eš, -e, -emo, -ete, -u.**
mit **i**:	**-im, -iš, -i, -imo, -ite, -e.**

		glẹdati	**pịsati**	**vọljeti**
Grundform		schauen	schreiben	lieben
ich	**(ja)**	glẹdam	pịšem	vọlim
du	**(tị)**	glẹdaš	pịšeš	vọliš
er, sie, es	**(on, ọna, ọno)**	glẹda	pịše	vọli
wir	**(mị)**	glẹdamo	pịšemo	vọlimo
ihr/Sie	**(vị)**	glẹdate	pịšete	vọlite
sie	**(ọni, ọne, ọna)**	glẹdaju	pịšu	vọle

Die Endungen für „ich" bis „ihr" sind nach dem **a**, **e** , bzw **i** immer gleich. Nur für **ọni** („sie") muss bei den drei Typen unterschieden werden.

Vọlimo ọvo jẹlo.
lieben dies Essen
Wir mögen dieses Essen.

Pịšem pịsmo.
schreibe Brief
Ich schreibe einen Brief.

Glẹdaju mọre.
schauen Meer
Sie betrachten das Meer.

Vọle glẹdati mọre.
lieben schauen Meer
Sie mögen es, das Meer anzuschauen.

moći (können)	
mogu	ich kann
možeš	du kannst
može	er/sie/es kann
možemo	wir können
možete	ihr könnt/Sie können
mogu	sie können

Mogu li ...? heißt „Kann ich ...?", und die übliche Antwort ist:

Može, može!
es-kann es-kann
Klar geht das!

Ne može!
nicht es-kann
Das geht nicht!

htjeti (wollen)	
hoću	ich will
hoćeš	du willst
hoće	er/sie/es will
hoćemo	wir wollen
hoćete	ihr wollt/Sie wollen
hoće	sie wollen

Hoću gledati televiziju.
ich-will schauen Fernsehen
Ich will fernsehen.

Vergangenheit

In der Umgangssprache kommen die Kroaten mit nur einer Vergangenheitsform aus. Sie ähnelt dem deutschen „ich habe geschaut", nur ist das Hilfsverb nicht „haben", sondern immer „sein" – **ja sam, ti si** etc. Der zweite Teil wird von der Grundform des Hauptverbs abgeleitet und sieht je nach Geschlecht und Zahl so aus:

Grundform	**ględa- ti** (schauen)
Einzahl (m,w,s)	**ględa- o, ględa- la, ględa-lo**
Mehrzahl (m,w,s)	**ględa- li, ględa- le, ględa- la**

Es muss also auch hier wieder darauf geachtet werden, dass abhängig vom Geschlecht und der Zahl der Person(en) die richtige Endung an das Verb gehängt wird.

Ja sam ględao/ględala.
ich bin geschauter/geschaute(m/w)
Ich habe geschaut.

männlich/weiblich	**ti si ględao/ględala**	du hast geschaut
	on je ględao	er hat geschaut
	ona je ględala	sie hat geschaut
	ono je ględalo	es hat geschaut
männlich/weiblich	**mi smo ględali/ględale**	wir haben geschaut
	vi ste ględali/ględale	ihr habt geschaut/ Sie haben geschaut
männlich	**oni su ględali**	sie haben geschaut
weiblich	**one su ględale**	sie haben geschaut
sächlich	**ona su ględala**	sie haben geschaut

Grundformen auf **-sti** und auf **-ći** haben Extraformen für die Vergangenheit. Hier die wichtigsten:

jẹsti:	**jẹo, jẹla ...**
essen:	gegessen
pạsti:	**pạo, pạla ...**
fallen:	(hin-)gefallen
sjẹsti:	**sjẹo, sjẹla ...**
sich setzen:	gesetzt
lẹći:	**lẹgao, lẹgla ...**
sich hinlegen:	hingelegt
mọći:	**mọgao, mọgla ...**
können:	gekonnt
rẹći:	**rẹkao, rẹkla ...**
sagen:	gesagt
ịći:	**ịšao, ịšla ...**
gehen:	gegangen

Hier nun alle Worte, die mit **ịći** zusammen-hängen:

dọći:	**dọšao, dọšla**
kommen:	gekommen
otịći:	**otịšao, otịšla**
weggehen:	weggegangen
ụći:	**ụšao, ụšla**
reingehen:	reingegangen
izạći:	**izạšao, izạšla**
rausgehen:	rausgegangen
nạći:	**nạšao, nạšla**
finden:	gefunden

Auch hier wird meist **Već sam jela.**
das persönliche *schon bin gegessene(w)*
Fürwort weggelassen: Ich habe schon gegessen. (Sprecherin weiblich!)

Išao sam pješice.
gegangener(m) bin zu-Fuß
Ich bin zu Fuß gegangen. (Sprecher männlich!)

Zukunft

Für die Zukunft verwendet man das Hilfsverb
htjeti (wollen). Nun wird jeweils die Anfangs-
silbe **ho-** der entsprechenden Form gestrichen
und anschließend die Grundform des Hauptverbs angehängt.

On će pisati.
Er wird schreiben.

Mi ćemo gledati televiziju.
wir werden schauen Fernsehen
Wir werden fernsehen.

Dies bedeutet also:

	ja ću	ich werde	**mi ćemo**	wir werden
	ti ćeš	du wirst	**vi ćete**	ihr werdet/ Sie werden
männlich	**on će**	er wird	**oni će**	sie werden
weiblich	**ona će**	sie wird	**one će**	sie werden
sächlich	**ono će**	es wird	**ona će**	sie werden

Wenn die Grundform am Anfang des Satzes, also vor dem **ću, ćeš** etc. steht, fällt das **-i** weg, die Form des Hilfverbs wird angehängt.

Pisat će.   lies: **pisaće**
schreib wird
Er/sie/es wird schreiben.

Gledat ćemo televiziju.   lies: **gledaćemo**
schau werden Fernsehen
Wir werden fernsehen.

Für Verben auf **-ći** gilt das nicht:

Ići ću u grad.   *Auch in der*
gehen werde in Stadt   *Zukunftsform fehlt*
Ich werde in die Stadt gehen.   *meist das persönliche*
                                Fürwort.

Möglichkeitsform

Die Möglichkeitsform ist 1) höflich

Da li bi mi rekao gdje je Brankova ulica?
ob „?" würd' mir gesagter wo ist Brankos Straße
Würdest du mir bitte sagen, wo die Brankostraße ist?

und 2) irreal (Was wäre, wenn ...)

Što bi radila, kada bi mogla?
was würd' getane wenn würd' gekonnte
Was würdest du tun, wenn du könntest?

Zum Glück hat sich in der Umgangssprache als Hilfsverb eine für alle Personen gleiche Form durchgesetzt: **bi.**

Der zweite Teil ist derselbe wie für die Vergangenheit. Für die Redewendung „Ich würde gerne" oder „Ich möchte" beispielsweise sagt man wörtlich: „Ich würde geliebt", also:

ja bi volio/voljela	**mi bi voljeli/voljele**
ti bi volio/voljela	**vi bi voljeli/voljele**
on bi volio	**oni bi voljeli**
ona bi voljela	**one bi voljele**
ono bi voljelo	**ona bi voljela**

Die ganz korrekten Formen lauten übrigens: **ja bih**, **ti bi**, **on bi**, **mi bismo**, **vi biste**, **oni bi**. „Würden Sie?" heißt also korrekt **„Da li biste?"**.

Befehlsform

Die Befehlsform (Imperativ) wird von der 2. Stammform, der Gegenwart abgeleitet.

Gegenwart -am:	Befehlsform -aj:	
gledati-gledam:	**gledaj**!	Schau! Guck!
dati-dam:	**daj**!	Gib! Gib her!

z. B. Voli me!
Liebe mich!
Hab mich lieb!

Gegenwart -em oder -im	Befehlsform -i:	
pisati-pišem:	**piši!**	Schreib!
ići-idem:	**idi!**	Geh!
raditi-radim:	**radi!**	Arbeite!
voljeti-volim:	**voli!**	Liebe!

Für „ihr" und „Sie" wird **-te** angehängt:

Dajte! Gebt! Geben Sie!
Pišite! Schreibt! Schreiben Sie!

Für „wir" wird **-mo** angehängt:

Gledamo! Lasst uns schauen!
Volimo se! Seien wir nett zueinander!

Drei Befehle, die häufig auftauchen:

1) Nemoj! „Tu das nicht! Lass das!"

Nemojmo to raditi!
nicht-tun-wir das machen
Lasst uns das nicht tun!

Nemojte još ići!
nicht-tut-ihr noch gehen
Geht/Gehen Sie noch nicht!

2) Hajde! Hajdete! Hajdemo! „Los"!

Hajdemo raditi!
los-dass wir-arbeiten
Los, lasst uns arbeiten!

3) Neka! „Lass doch! Geht schon in Ordnung!"

Neka ide! Lass ihn/sie gehen.
Er/sie soll gehen!
Neka idu! Lass sie gehen.
Sie sollen gehen!

Aspekte

In der Wörterliste habe ich manche Verben mit „vo." (vollendet) gekennzeichnet. Das liegt daran, dass sich fast jedes deutsche Verb im Kroatischen in zwei Formen übersetzen lässt, z.B. „zahlen" mit **platiti** (vollendet) und **plaćati**, das ist dann unvollendet (uv.). Der Unterschied liegt im sogenannten „Aspekt", den es im Deutschen nicht gibt. Es ist nicht notwendig, ihn zu studieren, (es gibt dicke Schmöker zu dem Thema), ich gebe hier nur eine Gebrauchsanweisung. Die Nuancen sind nämlich schon so wichtig, dass nicht zwei Formen des „Aspektpaares" gleichermaßen verwendet werden dürfen.

Ich nehme das Beispiel: **plaćati - platiti,** weil ihm das deutsche Paar „zahlen" - „bezahlen" ein bisschen ähnelt und so vielleicht das Verständnis erleichtert.

Im Deutschen kann man beides sagen: „Ich zahle." und „Ich bezahle." Der „Logik" des Kroatischen widerspricht es aber zu sagen: „Ich bezahle." Warum? Weil man, während man zahlt, immer nur am *Ab*zahlen ist, und noch gar nicht wissen kann, ob hinterher auch tatsächlich *be*zahlt ist, ob man quitt sein wird. Das weiß man nur, wenn die Rechnung schon beglichen ist: **Platio sam.** „Ich habe bezahlt". Oder wenn man wirklich die feste Absicht hat, reinen Tisch zu machen: **Platit ću.**

„Ich werde bezahlen". Deshalb heißt es auch im Restaurant:

(Mi bi voljeli) Platiti, molim!
(wir möchten gerne) bezahlen bitte
Zahlen, bitte!

Hier also die Ober-Faustregel:
   Für die Gegenwart immer den unvollendeten Aspekt nehmen, nie den vollendeten. (Der passt nur in ganz besonderen Zusammenhängen.)

Što to radiš?	**Plaćam.**
was das tust	*zahle(uv.)*
Was tust du da?	Ich zahle.

Die anderen Zeiten sind ungefähr.icher. Man kann beide Aspekte verwenden. Allerdings betont der unvollendete Aspekt, dass etwas länger oder öfter getan wurde/werden wird. Außerdem sagt er nichts darüber aus, ob es fertig wurde oder wird ...

vollendet: **Platio sam.**
Ich habe bezahlt.

D. h., wir sind quitt!

unvollendet: **Plaćao sam.**
Ich zahlte.

D. h., es wurde gezahlt, ob's bezahlt ist, ist nicht gesagt.

Daher für Vergangenheit, Zukunft usw. lieber den vollendeten Aspekt benutzen.

	uv.: plaćati zahlen	vo.: platiti bezahlen
Gegenwart	**Ana plaća.** Anna zahlt.	- -
Vergangenheit	**Ana je plaćala.** Anna zahlte.	**Ana je platila.** Anna hat bezahlt.
Zukunft	**Ana će plaćati.** Anna wird zahlen.	**Ana će platiti.** Anna wird bezahlen.
Möglichkeit	**Ana bi plaćala.** Anna würde zahlen.	**Ana bi platila.** Anna würde bezahlen.
Befehl	**Plaćaj, Ana!** Los, Anna, zahlen! (unhöflich)	**Plati, Ana!** Zahle mal, Anna! (neutral)

Verwendet man in der Gegenwart den vollendeten Aspekt, so kann es passieren, dass man nicht verstanden wird. Um deutlich zu machen, dass die aktuelle Gegenwart gemeint ist, sind diese Wörtchen gut:

sada	jetzt
trenutno	im Augenblick
mometalno	momentan
često	oft
rijetko	selten
ponekad	manchmal
nikad	nie
uvijek	immer
stalno	stets
dugo	lange
još uvijek	noch immer

Mit dem vollendeten Aspekt in Vergangenheit und Zukunft stehen vor allem:

već	schon
jedanput	einmal
odjedanput	auf einmal
iznenada	plötzlich
brzo	schnell

Verneinung

Das Verneinungswort heißt **ne** (nicht) und wird immer direkt vor das Verb gestellt. Ein Extrawort für „kein" braucht man nicht.

Ne volimo ovo jelo.
nicht lieben dieses Essen
Wir mögen dieses Essen nicht.

Ne pišem pismo.
nicht schreibe Brief
Ich schreibe keinen Brief.

Die Verneinung von **biti** (sein) lautet **nisam, nisi** usw.

Verneinung von **imati** (haben):

imam	ich habe	**nemam**	ich habe nicht
imaš	du hast	**nemaš**	du hast nicht usw.

Imamo auto.
wir-haben Auto
Wir haben ein Auto.

Nemamo auto.
wir-nicht-haben Auto
Wir haben kein Auto.

Verneinung von **htjeti** (wollen):

hoću ich will   **neću** ich will nicht
hoćeš du willst   **nećeš** du willst nicht usw.

Hoću gledati televiziju.
ich-will schauen Fernsehen
Ich will fernsehen.

Neću gledati TV (teve).
ich-nicht-will schauen TV
Ich will nicht fernsehen.

Verneinung in der Vergangenheit

Verneint wird das Hilfsverb **biti: nisam, nisi ...**

Još nisam jela.
noch nicht-bin gegessene(w)
Ich habe noch nicht gegessen.

Nisu ništa rekle.
nicht-sind nichts gesagte(w)
Sie haben nichts gesagt. („sie" sind weiblich)

Verneinung in der Zukunft

Verneint wird das Hilfsverb **htjeti: neću, nećeš** usw.

On neće pisati.
er nicht-wird schreiben
Er wird nicht schreiben.

Verneinung von Sätzen

Ein Extrakniff besteht darin, dass in einem
verneinten Satz alles verneint werden muss,
was verneinbar ist, also insbesondere die Fürwörter durch die Vorsilbe **ni-** :

Oni nikada ne rade ništa.
sie nie nicht machen nichts
Die tun nie was.

raditi-radim
machen, tun,
auch: arbeiten

Bindewörter

Sowohl **i** als auch **a** stehen für „und", doch der Unterschied zwischen ihnen ist klein aber fein:

i bedeutet ungefähr „und auch", man reiht damit Gleiches aneinander:

Ja imam dvadeset godina, i ti imaš dvadeset godina.
ich habe 20 der-Jahre und du hast 20 der-Jahre
Ich bin 20, und du bist (auch) 20.

a bedeutet „und aber", „während". Man stellt etwas gegenüber, man vergleicht Unterschiedliches:

Ja imam dvadeset godina, a ti imaš trideset godina.
ich habe 20 der-Jahre und du hast 30 der-Jahre
Ich bin 20, und du bist 30 (während du 30 bist).

ili	oder
ali	aber
dok	während, solange
dok ne	bis
pošto, nakon što	nachdem
prije nego	bevor
prvo	zuerst
pa	und dann

onda	dann
ako	falls, wenn
jer, zato što	denn, weil
zato	deshalb
iako, mada	obwohl
da	1. dass, 2. damit, um zu
da li	ob

Viele Bindewörter sind ursprünglich Fragewörter:

kada	als, wenn	**što**	was
gdje	wo	**zašto**	warum

Ne razumijem što si rekao.
nicht verstehe was bist gesagter(m)
Ich verstehe nicht, was du gesagt hast.

Das Wörtchen **što** ist sehr praktisch! Es lässt sich nämlich auch ganz universell als bezügliches Fürwort verwenden. Das bedeutet:

što   der, die, das / welcher, welche, welches

Žena što tamo sjedi u kafiću je sama.
Frau was dort sitzt im Cafe ist alleine
Die Frau, die (welche) da im Cafe sitzt, ist alleine.

Basteln Sie selbst:

Ja dolazim/razmišljam, ... oni odlaze.
ich komme/überlege ... sie weggehen.

Verhältniswörter & Fälle

An den Fällen beweist sich der wahre Kauderwelsch-Sprecher. Während der Korrektheits-Fan grübelnd in Schönheit verstummt, plappert der kommunikative Kauderwelschler am besten alles im 1. Fall.

Denn merke: Die Tabelle im Kopf bremst meistens mehr, als sie nützt! Es fällt einem Gesprächspartner bestimmt leichter, sich den richtigen Fall selber zu denken, als zu warten, bis man beim „Herunterdeklinieren" auf den Instrumental Plural Femininum gestoßen ist. Wie sagte Oma so richtig?

Ćuran je mislio pa umro.
Truthahn ist gedachter und-dann gestorbener(m)
Der eingebildete Puter überlegte und überlegte ... und starb.

Es geht um Folgendes:

Je nach der Rolle, die die Fälle im Satz spielen, (z. B. wer tut womit wem was an,) verändern sich einerseits die Hauptwörter (z. B. **grad** „Stadt") und andererseits Eigenschaftswörter (z. B. **nov** „neu"), manche Fürwörter (z. B. **ovaj** „dieser") und Fragewörter (z. B. **koji** „welcher"). D. h., sie stehen „gebeugt" – mit veränderter Endung – in einem bestimmten „Fall":

Ovaj grad je nov.	1. Fall
Diese Stadt ist neu.	1. Fall
Mi smo u ovom novom gradu.	6. Fall
Wir sind in dieser neuen Stadt.	3. Fall
Ona je moja dobra prijateljica.	1. Fall
Sie ist meine gute Freundin.	1. Fall
Ja vjerujem mojoj dobroj prijateljici.	3. Fall
Ich glaube meiner guten Freundin.	3. Fall

Das ist also, wie man sieht, im Grunde genauso wie im Deutschen auch: Wer ein bestimmtes Zeitwort oder Verhältniswort benutzt, muss die Endungen der folgenden Worte abwandeln. Nach der tieferen Bedeutung der Fälle sollten wir hier nicht suchen, sie wäre auch für die Sprechpraxis völlig nutzlos. Wichtig ist, welcher Zusammenhang welchen Fall erforderlich macht.

Was ist also im Kroatischen anders als im Deutschen?

Zunächst einmal: Im Deutschen gibt es vier Fälle, im Kroatischen aber sieben! Sie werden klassischerweise in dieser Reihenfolge und mit diesen Namen angeführt:

1. (Nominativ)	**drug**	der Freund	
2. (Genitiv)	**druga**	des Freundes	
3. (Dativ)	**drugu**	dem Freunde	
4. (Akkusativ)	**druga**	den Freund	
5. (Vokativ)	**druže!**	O du Freund!	
6. (Lokativ)	**drugu**	über den Freund	z. B. o drugu
7. (Instrumental)	**drugom**	mit dem Freunde	z. B. s drugom

Im Allgemeinen ähnelt der Gebrauch der ersten vier Fälle dem der deutschen. Weiterhelfen werden Ihnen die Beispiele im Konversationsteil (ich vermerke dort die Fälle). Mit den drei zusätzlichen Fällen ist es so:

Der 6. Fall hat immer dieselbe Endung wie der 3. Deshalb fasse ich beide stets zusammen.

Alles Wissenswerte über den 5. Fall (das ist der Vokativ, der Ruf-Fall) steht im Kapitel „Anrede". Ich lasse ihn hier weg, denn er ist reichlich unregelmäßig.

Nach einer bestimmten Präposition oder einem bestimmten Verb steht wie gesagt immer ein bestimmter Fall. Leider ist das dann in der einen Sprache oft ein anderer als in der anderen. und das ist der zweite große Unterschied, z. B.:

Govorimo ...	Wir reden ...
o drugu.	über den Freund.
(6. Fall)	(4. Fall)
sa drugom.	mit dem Freund.
(7. Fall)	(3. Fall)
poslije druga.	nach dem Freund.
(2. Fall)	(3. Fall)

Hier sind einige wichtige Präpositionen mit den dazugehörigen Fällen. Diese hier sind alle relativ „abstrakt". Den „konkreteren" Präpositionen für Zeit, Ort und Richtung sind ausführliche Kapitel gewidmet.

Verhältniswörter & Fälle

2. Fall:	**bez**	ohne
	zbog	wegen
	protiv	gegen
4. Fall:	**za**	für
6. Fall:	**o**	über, von, um
	po	1. gemäß
		2. in/auf ... herum
	prema	1. gemäß,
		2. in Richtung
7. Fall:	**sa**	mit

Nebenbei:
Präpositionen tragen
keine eigene Betonung,
sondern gehen beim
Sprechen mit dem
folgenden Wort eine
Einheit ein.

Die Präpositionen unterscheiden sich in mancherlei Einzelbedeutungen. **Na** heißt z. B. normalerweise „auf" oder „an", und **za** heißt „für". „Danke für's Essen." heißt aber „**Hvala na jelu.**", also wörtlich „Dank auf dem Essen".

Halten Sie sich der Einfachheit halber an die Grundbedeutungen, wie sie in den nächsten Kapiteln und in der Wörterliste stehen.

Wie werden die Fälle denn nun gebildet? Vorweg dies:

Die Endungen der Fälle sind bei den Hauptwörtern andere als bei den anderen drei Wortarten.

Diese, also Eigenschafts-, Frage- und Fürwörter, werden in drei Gruppen gebeugt: männlich, weiblich und sächlich. Also:

---

n<u>o</u>v (neuer) wie <u>o</u>vaj (dieser) wie k<u>o</u>ji (welcher);
n<u>o</u>va (neue) wie <u>o</u>va (diese) wie k<u>o</u>ja (welche);
n<u>o</u>vo (neues) wie <u>o</u>vo (dieses) wie k<u>o</u>je (welches).

Die Hauptwörter kennen fünf große Gruppen: zwei weibliche, zwei männliche, eine sächliche (Untergruppen und Ausnahmen sparen wir uns.).

Keine Bange, Endungen und Beugungsgruppen haben eine ganze Menge Ähnlichkeiten. Ich habe alles ein bisschen um- und zusammengestellt, so dass sie trotz alledem zwischen den verschiedenen E leichter ins Auge fallen.

Statt jetzt weiter vorzukauen, überlasse ich Ihnen zum Bekanntmachen, Erforschen und Anfreunden diese Tabelle. Bitte nicht auswendig lernen! Mit etwas Übung und den Alltagssätzen im Konversationsteil werden Sie ohnedies ein Gefühl dafür bekommen, welche Präpositionen und Verben mit welchen Fall-Endungen fest zusammengehören.

Lustig ist, dass bei männlichen Worten ein Unterschied gemacht wird zwischen beseelt (Menschen und Tiere) und unbeseelt (Pflanzen, Sachen, Abstraktes). Noch lustiger, dass viele Kroaten ihre Autos als Menschen oder Tiere ansehen:

Ja imam Mercedesa.   4. Fall
Ich habe einen Mercedes.

statt

Ja imam Mercedes.   4. Fall
Ich habe einen Mercedes.

weiblich		
	Worte auf **-a** „neues Jahr"	Worte auf Mitlaut „neue Sache"
Einzahl		
1. Fall	nova godina	nova stvar
4.	novu godinu	novu stvar
2.	nove godine	nove stvari
3./6.	novoj godini	novoj stvari
7.	novom godinom	novom stvari
Mehrzahl		
1. Fall	nove godine	nove stvari
4.	nove godine	nove stvari
2.	novih godina	novih stvari
3./6.	novim godinama	novim stvarima
7.	novim godinama	novim stvarima

männlich & sächlich		
	männlich beseelt (Menschen + Tiere) „neuer Freund"	männlich unbeseelt „neues Hotel"	sächlich **o-** & **e**-Endung „warmes Essen"
Einzahl			
1. Fall	nov drug	nov hotel	toplo jelo
4.	novog druga	nov hotel	toplo jelo
2.	novog druga	novog hotela	toplog jela
3./6.	novom drugu	novom hotelu	toplom jelu
7.	novim drugum	novim hotelom	toplim jelem
Mehrzahl			
1. Fall	novi drugovi	novi hoteli	topla jela
4.	nove drugove	nove hotele	topla jela
2.	novih drugova	novih hotela	toplih jela
3./6.	novim drugovima	novim hotelima	toplim jelima
7.	novim drugovima	novim hotelima	toplim jelima

Beugung der persönlichen Fürworter

Der 5. Fall, der Ruf-Fall, ist gleich dem 1.: Ej, ti! „He, du!".

Bei den persönlichen Fürwörtern sind auch noch der 2. Fall und der 4. Fall identisch, so dass sich das System der Fälle beschränkt auf: 1. Fall, 2. = 4. Fall, 3. = 6. Fall und 7. Fall.

1.	**ja**	ich
2. = 4.	**me (mene)**	mich
3. = 6.	**mi (meni)**	mir
7.	**sa mnom**	mit mir
1.	**ti**	du
2. = 4.	**te (tebe)**	dich
3. = 6.	**ti (tebi)**	dir
7.	**sa tobom**	mit dir
1.	**on/ono**	er/es
2. = 4.	**ga (njega)**	ihn/es
3. = 6.	**mu (njemu)**	ihm
7.	**sa njim**	mit ihm
1.	**ona**	sie
2. = 4.	**je (nje, nju)**	sie
3. = 6.	**joj (njoj)**	ihr
7.	**sa njom**	mit ihr
1.	**mi**	wir
2. = 4.	**nas (nas)**	uns
3. = 6.	**nam (nama)**	uns
7.	**sa nama**	mit uns
1.	**vi**	ihr/Sie
2. = 4.	**vas (vas)**	euch/Sie
3. = 6.	**vam (vama)**	euch/Ihnen
7.	**sa vama**	mit euch/Ihnen

1.	**oni/one/ona**	sie (m/w/s)
2. = 4.	**ih (njih)**	sie (MZ)
3. = 6.	**im (njima)**	ihnen
7.	**sa njima**	mit ihnen
sich (selbst):		
1.	(gibt's natürlich nicht)	
2. = 4.	**se (sebe)**	
3. = 6.	**si (sebi)**	sich
7.	**sa sobom**	mit sich

An den Stellen, an denen eine eingeklammerte Form angeführt ist, ist die jeweils erste (die Kurzform) die normalere und unbetonte.

D. h. kein Kroate und keine Kroatin säuselt:

Ja volim tebe.   sondern   **Volim te.**
Ich liebe dich.   Liebe dich.

Dajte mi ovo ovdje, molim vas.
geben-Sie mir dies hier bitte Sie
Geben Sie mir dies hier, bitte.

Hvala vam.
Dank Ihnen
Danke Ihnen!

Leider hat die Kurzform immer eine feste Position im Satz.

Die längere, eingeklammerte Form kann überall stehen, sie dient aber nur zur Betonung und steht sonst nach Präpositionen:

Dajte to meni.
geben-Sie das mir
Geben Sie das mir.

zbog mene	wegen meiner
kod mene	bei mir
na meni	auf mir, an mir

Fragen & Zeigen

Oft fangen die Fragewörter mit **k-** an, die entsprechenden Fürwörter mit **t-**, wobei der zweite Teil gleich ist. Das hat System!

mit Fragewörtern

tko?	wer?	**što?**	was?
gdje?	wo? wohin?	**tu**	da
kamo?	wohin?	**tamo**	dahin
kuda?	wo lang?	**tuda**	da lang
kada?	wann?	**tada**	dann
koliko?	wie viel?	**toliko**	so viel
kako?	wie?	**tako**	so
zašto?	warum?	**zato**	darum

tamo heißt auch „dort".

Es gibt noch zwei solche Vorsilben, mit denen Sie kreativ sein dürfen:

ov- bedeutet etwa: „wie dies, wie hier"
on- bedeutet etwa: „wie jenes, wie dort, wie da"

gdje?	**ovdje**	**ondje**	**tu/tamo**
wo?	hier	dort	da/dort
koji?	**ovaj**	**onaj**	**taj**
welcher?	dieser	jener	der
koja?	**ova**	**ona**	**ta**
welche?	diese	jene	die
koje?	**ovo**	**ono**	**to**
welches?	dieses	jenes	das

Taj, ta, to sind keine Artikel, sondern dienen zum Hinweisen:

Ta ulica, ne ona!	Die Straße, nicht jene!
Koji grad je ovo?	Welche Stadt ist dies?
To je Bjelovar.	Das ist Bjelovar.

kakav? „was für einer?"		
takav	**ovakav**	**onakav**
so einer	hier so einer	da sc einer

kakva? „was für eine?"		
takva	**ovakva**	**onakva**
so eine	hier so eine	da so eine

kakvo? „was für eins?"		
takvo	**ovakvo**	**onakvo**
so eins	hier so eins	da so eins

Kakve su to stvari?
was-für sind das Dinge
Was sind das da für Dinge?

Ovo ovdje je džezva, to tamo je tamburica, a ono ondje je opanak.
dies hier ist Kaffeetopf das da ist Tamburizza und jenes dort ist Opanke
Dies hier ist ein Kaffeetopf, das da ist eine Tamburizza, und jenes dort ist ein Opanke.

(Drei landetypische Gegenstände: Die džezva ist das langstielige Töpfchen zum Aufbrühen des Mokkas („turska kava"), die tamburica, ein der Balalaika ähnliches nationales Zupfinstrument, der opanak der typische Flechtschuh.)

Weitere Fragewörter ergeben sich, wenn man **tko** (wer) und **što** (was) beugt:

4. Fall **Koga gledate?**   **Što gledate?**
wen schaut   *was schaut*
Wen schaut ihr an?   Was schaut ihr an?

3. Fall **Komu pišeš?**   **Čemu se raduješ?**
wem schreibst   *wem/was sich freust*
Wem schreibst du?   Worauf freust du dich?

2. Fall **Od koga si to čula?**   **Od čega je to?**
von wessen bist das gehörte   *von wessen/was ist das*
Von wem hast du das gehört?   Woraus ist das?

7. Fall **S kim ide?**   **Čime se bavite?**
mit wem geht   *womit sich beschäftigt*
Mit wem geht er/sie?   Womit beschäftigt ihr euch?

Satzfragen

Mit Frageworten fragt man nach bestimmten Worten oder Teilen eines Satzes. Die andere Art von Fragen sind die Satzfragen, d. h. die Fragen, die mit **da** (ja) oder **ne** (nein) beantwortet werden sollen, z. B.:

Radite li vi ovdje?   **Da li vi radite ovdje?**
arbeiten „?" Sie hier   *ob „?" Sie arbeiten hier*
     Arbeiten Sie hier?

Es gibt also zwei Varianten für die Satzfragen. Welche Sie verwenden, können Sie sich aussuchen. Wichtig ist nur: Beide enthalten immer das Wörtchen **li**, quasi ein gesprochenes

Fragezeichen (in der Wort-für-Wort-Übersetzung mit „?" abgekürzt).

1. Vorne das Verb – wie im Deutschen – und dann **li**:

Vi radite ovdje.	**Radite li vi ovdje?**
sie arbeiten hier	*arbeiten „?" Sie hier*
Sie arbeiten hier.	Arbeiten Sie hier?

2. Erst die Fragewendung: **Je li ...?/Da li ...?**
(schnell gesprochen: **Jel' ...?/Dal' ...?**)
dann einfach unverändert der ganz normale Satz:

Vi radite ovdje.	**Je li/Da li vi radite ovdje?**
sie arbeiten hier	*ist „?"/ob „?" Sie arbeiten hier*
Sie arbeiten hier.	Arbeiten Sie hier?

Bereichern Sie Ihren Wortschatz:

Kako se kaže ...?	Wie sagt man ...?
Kako se zove ovo?	Wie heißt das hier?
Što znači ...?	Was bedeutet ...?

Kako se zoveš/zovete?	Wie heißt du/ heißen Sie?
Zovem se ...	Ich heiße ...

Odakle si/ste?	Woher kommst du/ kommen Sie?
Ja sam iz ...	Ich komme aus ...
Austrije/Kölna.	Österreich/Köln.

Fragen & Zeigen

Gdje živiš/stanuješ?	Wo lebst/wohnst du?
Živim/Stanujem u …	Ich lebe/wohne in …
Hrvatskoj/Splitu.	Kroatien/Split.

Koliko imaš godina?	Wie alt bist du?
Imam dvadeset godina.	Ich bin zwanzig.

Etwas, Alles oder Nichts

Diese Wörter werden durch drei Vorsilben, die ganz simpel und systematisch benutzbar sind, gebildet:

ni-	nirgend-
ne-	irgend-
sva-	jeder-

Ganz wichtig für verneinte Sätze!

Angefügt wird das ganze Fragewort, z. B.:

nȋtko	**nȅtko**	**svȁtko**
nirgendwer	*irgendwer*	*jeder-wer*
niemand	jemand	jedermann

nȉšta	**nȅšto**	**svȁšta**
nirgendwas	*irgendwas*	*jedes-was*
nichts	etwas	allerlei

Da kann jetzt jeder selber weiterbasteln. Was heißt wohl **nȅkada, nȉkada, nȅgdje, nȉgdje, svȁgdje, nȅkoliko, svȁkako, nȉkakav ...?*

*irgendwann, nie, irgendwo, nirgends, überall, einige, jederart, keiner ...

Die Vorsilbe **sva-** kommt übrigens von:

svȅ	alles
sȁv, svȁ, svȍ	der/die/das ganze
svȉ, svȅ, svȁ	die ganzen/alle
svȁki, svȁka, svȁko	jeder, jede, jedes

Wortstellung

Wie bereits gesagt: Grundsätzlich ist die Wortstellung im Kroatischen egal. In einfachen Sätzen kann man sich an die deutsche Reihenfolge halten, muss man aber nicht.

M̦ara i̦de u Umag.   oder
U̦ Umag i̦de M̦ara.   oder
I̦de M̦ara u̦ Umag.
Mara geht nach Umag.

Natürlich hebt man dabei jeweils andere Satzteile etwas hervor, aber falsch ist die Wortstellung in keinem Fall!
   Zugegeben, bei einer Gruppe von Wörtchen ist der Platz im Satz festgelegt. Nie als erstes Wort im Satz, sondern vorzugsweise als zweites stehen:

1. **li** das Fragepartikelchen

Vorsicht: je steht unter 7. 2. **sam, si, smo, ste, su**
      bin, bist, wir-sind, seid, sie-sind
      von **b̦iti** „sein" (auch für die Vergangenheit!)

3. **ću, ćeš, će, ćemo, ćete, će**
      werde, wirst, wird, wir-werden, werdet, sie-werden
      für die Zukunft

4. **bi** „würde", für die Möglichkeitsform

5. **mi, ti, mu, joj, nam, vam, im, si**
   mir, dir, ihm, ihr, uns, euch, ihnen, sich
   persönliche Fürwörter, 3. Fall
   (nur Kurzform)

6. **me, te, ga, je, nas, vas, ih, se**
   mich, dich, ihn, sie, uns, euch, sie, sich
   persönliche Fürwörter, 2. und 4. Fall
   (nur Kurzform)

7. **je** „ist" – von **biti** (wird auch für die
   Vergangenheit benötigt!)

Ja ću doći.   aber: **Doći ću.**
ich werde kommen   *kommen werde*
           Ich werde kommen.

Oni se vole.   aber: **Vole se.**
sie sich lieben   *lieben sich*
           Sie lieben sich.

Wenn mehrere von diesen Wörtchen gleichzeitig auftauchen, ist die richtige Reihenfolge
diejenige, in der ich sie oben aufgelistet habe.

	5.	6.	7.
On	**nam**	**ih**	**je rezervirao.**
er	*uns*	*sie*	*ist reserviert*
Rezervirao	**nam**	**ih**	**je.**
reservierter	*uns*	*sie*	*ist*
Er hat sie für uns reserviert.			

Zahlen & Zeitangaben

Die Zahlen werden im Kroatischen systematisch aneinandergereiht.

Zahlen

Die Grundzahlen lauten:

1	**jedan** (m), **jedna** (w), **jedno** (s)
2	**dva** (m+s), **dvije** (w)
3	**tri**
4	**četiri**
5	**pet**
6	**šest**
7	**sedam**
8	**osam**
9	**devet**
10	**deset**

100	**sto**
1.000	**tisuća**
1.000.000	**milijun**
1.000.000.000	**milijarda**

Alles weitere lässt sich logisch kombinieren:

-zehn:	-naest	-zig:	-deset
11	**jedanaest**	20	**dvadeset**
12	**dvanaest**	30	**trideset**
13	**trinaest**	40	**četrdeset**
14	**četrnaest**	80	**osamdeset**
19	**devetnaest**	90	**devedeset**

Die Einer stehen immer hinten, nicht so verdreht wie im Deutschen:

21	**dvadeset jedan**	75	**sedamdeset pet**
	zwanzig eins		*siebzig fünf*

200	**dvjesto**	2.000	**dvije tisuće**
300	**tristo**	3.000	**tri tisuće**
400	**četrsto**	4.000	**četiri tisuće**

999	**devetsto devedeset devet**
9.999	**devet tisuća devetsto devedeset devet**

Zeitangaben

kada?	wann?	uvijek	immer
ponekad	manchmal	nikada	nie
često	oft	rijetko	selten
sada	jetzt	još	noch
odmah	sofort	već	schon
začas	im Nu	tek	gerade erst
davno	lange her, längst	skoro	bald
rano	früh	ranije	früher
kasno	spät	kasnije	später
dugo	lange	duže	länger
kratko	kurz	kraće	kürzer
brzo	schnell	brže!	schneller!

Sad' ću!
jetzt werde
Mach' ich sofort!

Samo malo!
nur wenig
Nur ganz kurz! Einen Moment!

put, puta	„mal"
jedanput	einmal
dva puta	zweimal
pet puta	fünfmal
Sto puta	hundertmal

Uhrzeit

sekunda	Sekunde
minuta	Minute
sat	Stunde, Uhr (sowohl „1 Uhr" als auch „Armbanduhr")
jutro	Morgen
podne	Mittag
veče(r)	Abend
noć/noću	Nacht/nachts, in der Nacht
dan/danju	Tag/tagsüber, am Tag
danas	heute
jučer	gestern
prekjučer	vorgestern
sutra	morgen
preksutra	übermorgen

Koliko je sati?

wie viel ist der Stunden
Wie spät ist es?

Jedan.	Eins.
Dva (sata).	Zwei (Uhr). (2. Fall Ez)
Pet (sati).	Fünf (Uhr). (2. Fall Mz)

dvanaest ...	zwölf ...	
... i pet	fünf nach ...	*wörtlich „und fünf",*
... i deset	zehn nach ...	*„und zehn" usw.*
... i petnaest	viertel nach ...	
... i dvadeset	zwanzig nach ...	
... i pol	halb ...	

... jedan	eins ...
pet do ...	fünf vor ..
deset do ...	zehn vor ..
petnaest do ...	viertel vor ...
dvadeset do ...	zwanzig vor ...
pola ...	halb ...

Koliko to traje?

wie viel das dauert
Wie lange dauert das?

Jedan sat.	1 Stunde.	(1. Fall Einzahl)
Šest dana.	6 Tage.	(2. Fall Mehrzahl)
Tri godine.	3 Jahre.	(2. Fall Einzahl)

Etwas zu Zeitgefühl und Pünktlichkeit: Zeit ist zwar auch in Kroatien Geld, aber eben nicht soviel Geld wie hier. Man nimmt sich einfach mehr davon (Zeit, nicht Geld) für die lieben Mitmenschen. Warten zu müssen ist lange nicht so ehrenrührig wie hierzulande.

Eine Verabredung, ja manchmal sogar ein Abfahrts- oder Abflugtermin ist häufig genug nur die heilige Zusage, dass man überhaupt kommt, abfährt oder abfliegt. Der genaue Zeitpunkt dagegen ist von geringerer Bedeutung. Wer auf Pünktlichkeit besteht, muss klarmachen:

Ali molim točno u osam sati!
Aber bitte genau um acht Uhr!

u „um, am" (mit dem 4. Fall)

Kada trebamo doći?
wann sollen kommen
Wann sollen wir kommen?

U pet do dva.	Um 13.55.
U utorak.	Am Dienstag.
U nedjelju.	Am Sonntag.
Rano ujutro.	Früh am Morgen.
Danas u podne.	Heute Mittag.
Sutra uveče(r).	Morgen Abend.

---

od „von, seit"   do „bis" (mit dem 2. Fall)

Rade od sẹdam do čẹtiri.   **... od ponẹdjeljka.**
arbeiten von 7 bis 4   *von Montag*
Sie arbeiten von 7 bis 4.   ... seit/ab Montag.

Od kạda ste vị ọvdje?   **Od prẹkjuče(r).**
Seit wann sind Sie hier?   Seit vorgestern.

Do kạda ćete ọstati?   **Do prẹksutra.**
bis wann werden bleiben   *bis übermorgen*
Bis wann werden Sie bleiben? Bis übermorgen.

---

prije „vor"   poslije „nach" (mit dem 2. Fall)

prijepodne	Vormittag, am Vormittag
pọslijepodne	Nachmittag, am Nachmittag
Dọđite prije ọžujka!	Kommt vor dem März!
... pọslije pẹtka!	... nach Freitag!

Štọ si rạdio prije?
was bist gemachter(m) vor
Was hast du vorher gemacht?

Tọ ćemo urạditi pọslije.
das werden machen nach
Das machen wir nachher.

---

za vrijẹme „während" (mit dem 2. Fall)

za vrijẹme fẹrija   während der Ferien

kroz „in" (mit dem 4. Fall)

Do̧ći ćemo o̧pet za dvi̧je go̧dine.
kommen werden wieder in zwei Jahren
Wir kommen in 2 Jahren wieder.

Einfach nur der 2. Fall steht in Wendungen wie:

sva̧ke	jedes	**sva̧kog**	jeden
pro̧šle	vergangenes	**pro̧šlog**	vergangenen
o̧ve	dieses	**o̧vog**	diesen
i̧duće	kommendes	**i̧dućeg**	kommenden
go̧dine	Jahr	**mjȩseca**	Monat

Ordnungszahlen und Datum

1.	**pŗvi, pŗva, pŗvo**	6.	**šȩsti, -a, -o**
2.	**dru̧gi, -a, -o**	7.	**sȩdmi, -a, -o**
3.	**trȩći, -a, -e**	8.	**o̧smi, -a, -o**
4.	**čȩtvrti, -a, -o**	9.	**dȩveti, -a, -o**
5.	**pȩti, -a, -o**	10.	**dȩseti, -a, -o**

Achtung: **dru̧gi, dru̧ga, dru̧go** heißt:
1. der/die/das zweite
2. der/die/das andere.

Bei allen weiteren Ordnungszahlen steht hinten **-ti, -ta, -to**.

11.	**jeda̧naesti,- a, -o**	100.	**sto̧ti, -a, -o**
90.	**devedȩseti, -a, -o**	1000.	**ti̧sući, -a, -o**

tjedan	Woche
ponedjeljak	Montag
utorak	Dienstag
srijeda	Mittwoch
četvrtak	Donnerstag
petak	Freitag
subota	Samstag
nedjelja	Sonntag
mjesec	Monat

Das Kroatische kennt eigene Monatsnamen, bekannt sind aber auch die internationalen:

siječanj	januar	Januar
veljača	februar	Februar
ožujak	mart	März
travanj	april	April
svibanj	maj	Mai
lipanj	juni	Juni
srpanj	juli	Juli
kolovoz	august	August
rujan	septembar	September
listopad	oktobar	Oktober
studeni	novembar	November
prosinac	decembar	Dezember

put „Mal"

Ja sam već treći put ovdje.
ich bin schon drittes Mal hier
Ich bin schon zum dritten Mal hier.

Bei gemischten Zahlen wird nur die letzte verändert, z. B. beim Datum:

Danas je dvadeset peti srpnja.
heute ist zwanzig fünfter des Julis
Heute ist der 25. Juli.

Auch das Jahr wird mit Ordnungszahlen bezeichnet:

Tisuću devetsto devedeset prva (godina)
tausend neunhundert neunzig erstes (Jahr)
das Jahr 1991

Dvije tisuće i druga (godina)
zwei tausend und zweites (Jahr)
das Jahr 2002

Endungen: **dvadeset petog sedmog tisuću devetsto**
-og, -og, -e **devedesete**
des 25.(Tages) des 7.(Monats) des 1990.(Jahres)
am 25.7.1990 (einfach nur der 2. Fall)

Üben Sie mal mit Ihrem Geburtsdatum:

Männer:
Rođen sam ...
geboren bin: ...

Frauen:
Rođena sam ...
geboren bin ...

Mengenangaben

Kompliziert wird es erst, wenn Sachen gezählt werden sollen, denn die Wörter werden dabei gebeugt. Die Regel lautet:

Endziffer 1:	1. Fall Einzahl
Endziffern 2, 3, 4:	2. Fall Einzahl
Endziffern 5 bis 0:	2. Fall Mehrzahl

Bei männlichen und sächlichen Wörtern lautet die Endung **-a**:

jedan dan	**dva dana**	**pet dana**
ein Tag	*zwei des Tages*	*fünf der Tage*
ein Tag	zwei Tage	fünf Tage

jedno pivo	**dva piva**	**pet piva**
ein Bier	*zwei des Bieres*	*fünf der Biere*
ein Bier	zwei Biere	fünf Biere

Bei weiblichen Wörtern:

	2 bis 4: **-e**	5 bis 0: **-a**
jedna kava	**dvije kave**	**pet kava**
ein Kaffee	*zwei des Kaffees*	*fünf der Kaffee*
ein Kaffee	zwei Kaffee	fünf Kaffee

Außerdem steht der 2. Fall Einzahl nach:

1/2 – **pola**	**pola kile**	(von **kila**)
1/4 – **četvrt**	**četvrt litre**	(von **litra**)

Mengenangaben

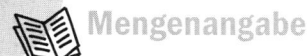

Der 2. Fall Mehrzahl steht auch nach Angaben wie:

mnọgo, pụno	viel	**vịše**	mehr
mạlo	wenig	**mạnje**	weniger
nẹkoliko	einige	**nẹšto**	etwas, ein bisschen
kolịko?	wie viel?	**tolịko**	so viel
dọsta	genug		

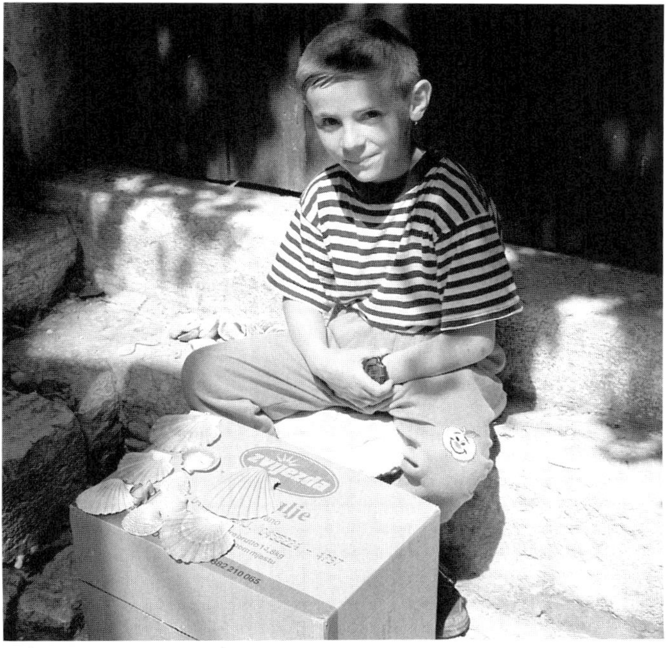

Ort & Richtung

Hier folgt eine ganze Reihe Präpositionen für Ort und Richtung.

Ort

Frage: Wo? **„Gdje?"**

Man braucht den 3. /6. Fall:			
		Mi smo ...	Wir sind ...
u	in	**u gradu.**	in der Stadt.
na	auf, an	**na plaži.**	am Strand.

...den 2. Fall:	
	Mi smo ...
	Wir sind ...
ispred	**ispred kuće.**
vor	vor dem Haus.
iza	**iza kuće.**
hinter	hinter dem Haus.
iznad	**iznad vas.**
über	hinter euch.
ispod	**ispod kreveta.**
unter	unter dem Bett.
između	**između zidova.**
zwischen	zwischen den Wänden.
pored	**pored trafike.**
neben	neben dem Kiosk.
kod	**kod Sanje.**
bei	bei Sanja.

Richtung

| Wohin? | **Kamo?** |
| Woher? | **Odakle?** oder **Otkuda?** |

Man braucht den 4. Fall:	
	Idemo ...
	Wir gehen/fahren ...
u	**u grad./u Pulu.**
in, nach	in die Stadt./nach Pula.
na	**na plažu.**
auf, an	an den Strand.
pred	**pred kuću.**
vor	vor das Haus.
pod	**pod krevet.**
unter	unter das Bett.
kroz	**kroz šumu.**
durch	durch den Wald.

... den 2. Fall:	
	Idemo
	Wir gehen/fahren ...
preko	**preko Šibenika.**
über	über Sibenik.
do	**do Rijeke.**
bis	bis Rijeka.
od	**Dolazimo od doktora.**
von	Wir kommen vom Arzt.
iz	**Ja sam iz Beča.**
aus	Ich bin aus Wien.

... den 3. Fall:	
k	**Možemo li k tebi?**
zu	Können wir zu Dir?

Für Ort und Richtung können stehen:

svagdje	überall	überallhin
negdje	irgendwo	irgendwohin
nigdje	nirgendwo	nirgendwohin
lijevo	links	nach links
desno	rechts	nach rechts
pravo	gerade	geradeaus
gore	oben	rauf
dolje	unten	runter
naprijed	vorne	vorwärts
nazad, natrag	hinten	zurück
okolo	drumherum	drumherum
unutra	drinnen	rein

vani, napolju	draußen
van, napolje	raus
kod kuće, doma	zuhause
kući, doma	nach Hause

Kako ću doći do pošte?   2. Fall
wie werde kommen bis Post
Wie komme ich zur Post?

Idi pravo, pa lijevo, pa desno.
Geh geradeaus, dann (nach) links, dann
(nach) rechts.

To je lijevo od trga.   2. Fall
Das ist links vom Platz.

Van! Napolje!   Raus!!!

Kurz-Knigge

Man will sich ja bei „fremden Leuten"
nicht nur verständlich machen, sondern
auch benehmen können. In diesem Kauder-
welsch-Band geht es deshalb auch immer
wieder um Verhaltensweisen und -regeln.

Im folgenden Abschnitt soll nun weniger
von Benimm-Tipps die Rede sein als vielmehr davon, was man so leichthin Menta-
lität nennt. Der eine Grund ist, dass sich der
kroatische „Knigge" von dem uns vertrauten
eigentlich nicht unterscheidet. Eigentlich!
Und das ist schon der andere Grund.

Ich hoffe, dass das Folgende ein bisschen
hilft, einige Eigenarten zu verstehen, denen
Sie im Lande begegnen werden. Vielleicht
auch Ihre eigenen: die Verständnisgrenzen,
auf die man stößt, die man erkennt und die
sich nicht immer überwinden lassen, sagen
über einen selbst ebenso viel aus wie über die
Gastgeber und Gesprächspartner. Weshalb
wir ja auch globetrotten.

Kroaten sind Europäer. – Sie werden sofort bemerken, dass es im öffentlichen Umgang miteinander in **Biograd na moru**
zunächst einmal ganz ähnlich zugeht wie in
Birmingham, Biarritz oder Bielefeld. Da gibt
es nichts Aufregendes zu berichten: keine
exotische Kastenordnung, die Mode diktie-
ren Mailand und MTV, zum Gruße reicht
man sich die Hand, die Autos fahren rechts.

Handzeichen und Kopfbewegungen sind in ihrer Bedeutung dieselben wie bei uns, werden allerdings deutlich intensiver eingesetzt: Man winkt sich zu, ruft quer über die Straße und hinauf in den 4. Stock, spricht generell lauter, mit Händen und Füßen.

Viele der „bösen Zeichen", Vögelchen, mit dem Finger drohen (**nono!**) u. ä., rufen allerdings bei den Adressaten manchmal heftige Reaktionen hervor. Ähnlich wie den erhobenen Zeigefinger kann man auch die ganze Hand schütteln – Finger geschlossen ausgestreckt, Handrücken nach außen – eine Drohgebärde. Also Vorsicht – so mancher lässt sich nicht gerne anpflaumen.

Das gilt insbesondere für das komplizierte System der Flüche. Im sehr lässigen Slang werden sie, worüber viele die Nase rümpfen, zwar ganz harmlos als Füllsel untergebracht. Doch manchmal können sie tödlich beleidigen! Weil das deutsche Schimpfwörtersystem ganz anders funktioniert – bleiben Sie um Himmels Willen oberhalb der Gürtellinie!

Tiefstes Unverständnis, womöglich gepaart mit Missbilligung oder Bestürzung, wird gerne signalisiert durch eine Bekreuzigung, oft mit anschließendem Blick nach oben, Schulterzucken mit erhobenen Händen, Hände zusammenschlagen über dem Kopf.

Ịsuse! Ịsuse Bọže! Jẹšušmarija! Aj me mẹni!
„Jesus! Oh Gott! Das gibt's doch nicht!"

Kroaten sind Südländer. Was oberflächlich als Wechsel zwischen heißem Blut und Phlegma (in Dalmatien: **fjaka**) erscheint, ist eine Mischung aus vielen Zutaten, die sich zu einem gewissen Grade auseinanderpuzzeln lassen.

Dazu gehört das Bewusstsein einer tragisch-gewaltsamen Geschichte – und Gegenwart – und die daraus folgenden Mythen, mit denen alle, selbst die Jüngsten, groß werden. Dazu gehören auch die vergleichsweise festen und ebenso autoritären Strukturen in Familie und Gesellschaft. Dazu gehört eine Wirtschaft, die es nicht einfach macht, emotionale Werte durch materielle Selbstverwirklichung zu ersetzen. Kroatien ist nicht reich.

Dafür war in Kroatien **prijateljstvo** (Freundschaft) schon immer überlebenswichtig. Man macht qualitativ und quantitativ viel mehr miteinander. Im Nu ist man einander verbunden und verpflichtet. Man mischt sich unumwunden ein, ist umgekehrt genauso duldsam bis an die Schmerzgrenze. Tiefe Gefühle und Bindungen sind aber Segen und Fluch zugleich: Man ist **htio-nehtio** (ob man will oder nicht) aufeinander angewiesen, auf Launen, Vorlieben, Erwartungen und Unzulänglichkeiten. Ein banales Beispiel hierfür: Alle kommen pausenlos zu spät, weil sie wissen, dass ganz bestimmt auf sie gewartet wird, und weil sie inzwischen unbedingt andere wichtige, persönliche Dinge regeln müssen, wie etwa selber warten. So kann

Freundschaft, Verwandtschaft, Partnerschaft, jedes Zusammenleben zu **sụdbina** (Schicksal) werden.

Die närrische Kinderliebe ist ein hübscher Zug in diesem Zusammenhang. Kinder werden gehätschelt, im Hochsommer warm verpackt (was dann beim Auspacken des verschwitzten Pakets zu Hause – „wie konnte das nur passieren?" – beim geringsten Durchzug Unterkühlung und Erkältung nach sich zieht.) An jedem **kịosk** gibt es massenweise **igrạčke** (Spielzeug), denn ein Besucher bringt den Prinzchen und Prinzessinnen immer etwas mit, will er nicht bei Eltern und Großeltern als seelenloser **škṛtica** (Geizkragen) gelten. Im übrigen kann eine Kindheit so bis zum dreißigsten oder vierzigsten Lebensjahr dauern, insbesondere wenn die Kinderchen und Enkelchen mit ihrem Ehepartner keine eigene Wohnung finden.

Und so spielt **ponos** (Ehrgefühl, Stolz) eine wichige Rolle: Es ist der einzige Schutz bei all der Enge und zwischenmenschlichen Hitze, vor der Aufdringlichkeit der Liebsten. So intim man manchmal aufeinanderhockt, so distanziert ist man meistens bei den wirklich persönlichen Problemen. **Prịvatna seksuạlnost i psịhički problẹmi su ạpsolụtne tạbu tẹme.**

„Das Sexualleben und psychische Probleme sind absolute Tabuthemen."

All das drückt sich auch in Liebe und Partnerschaft aus (**ljubomọra** „Eifersucht!"), im Geschlechterverhältnis überhaupt. Selbst jüngere **Zagrẹpčanke** (aus **Zạgreb**), **Splịćanke**

(aus **Split**), **Riječanke** (aus **Rijeka**) und
Osiječanke (aus **Osijek**) verfolgen das freizü-
gige Treiben ihrer westlichen Geschlechtsge-
nossinnen häufig recht verständnislos, wenn
auch gewiss mit einiger Sympathie. Denn
ihre **dečki** oder **momci** (Jungs, Freunde)
mögen **džentlmeni** und **kavaliri** sein, tragen
aber schnell Pantoffeln und sind dann unü-
bertroffen bequeme Paschas (in den eigenen
Augen ziemlich **kul** – cool). Ist so etwas erst
einmal verinnerlicht, kann es sich in galligem
Moralismus äußern. Zumal die allermeisten
Kroatinnen nicht nur die Familie managen,
sondern auch in ihren Berufen Geld verdienen. In Fragen von Sitte und Anstand führen
leidgeprüfte Mamas, Omas, Tanten das erste
Wort. Ihnen gebührt höchster Respekt.

Dicht folgt ihnen darin die katholische
Kirche. Zwar sind die Kroaten im großen und
ganzen eher verweltlicht, aber für ihre Selbst-
bestimmung spielte der römisch-katholische
Glaube eine zentrale Rolle. Er war stets das
Unterscheidungsmerkmal gegenüber den
gleichsprachigen Muslimen, bzw. orthodoxen
(ostchristlichen) Serben und Montenegri-
nern. So nahm unmittelbar nach der Unab-
hängigkeit die Kirche eine wichtige Rolle ein,
und heftige Szenen spielten sich um manch
eine Abtreibungsklinik oder einen **nudistička
plaža** (FKK-Strand) ab. Auf dem Lande jedenfalls ist die Frömmigkeit größer, und man
muss unbedingt damit rechnen, dass etwa
pipanje und **drpanje u javnosti** (Knutschen

und Fummeln in der Öffentlichkeit), mitunter sogar ein **minić** (Minirock), die Gemüter auf die eine oder andere Weise erregen.

Alt und neu. Verwirrend wird es, wenn trotz der für uns so gar nicht ungewöhnlichen Oberfläche plötzlich irgend etwas, naja, wie „verschoben" scheint. Das Land entwickelt sich in allen Belangen und steckt noch lange voller Gegensätze. Die alten kulturellen Prägungen wirken da nach, viel stärker aber die Unterschiede zwischen bäuerlich-ländlicher und industriell-städtischer Lebensweise, und in den Städten etwa die zwischen alteingesessenen, vornehmen **Agramern** (so hießen die Zagreber in Österreich-Ungarn) und den vielen Zugezogenen, die mit einem Fuß noch **na selu** (auf dem Dorf) leben. Da gibt es Gänse oder Ziegen auf der löchrigen Dorf- (oder Vorstadt-)straße und Nobelkarossen auf den Prachtboulevards und Strandpromenaden.

Insbesondere durch die jetzt eigenständige Sprache versuchen sich sowohl die Kroaten als auch ihre Nachbarn voneinander abzugrenzen.

Der **rat** (Krieg) tat sein Übriges: Die Erinnerungen an die gewaltsamen Konflikte, die 1995 in Kroatien endeten, wirken immer noch nach und überschatten nach wie vor das Verhältnis zu seinen serbischen Nachbarn.

Im täglichen Umgang erstaunt vielleicht die manchmal mürrische Unhöflichkeit (drängelnde Trauben vor Bussen mit schlechtgelaunten unrasierten Fahrern – **Što hoćes?** „Was willst du? Wat is?"), die dann umschlägt in Herzlichkeit, ja Zärtlichkeit

(**Hodi, dušo, sjedi tu!** „Komm her, Herzchen, setz dich hierher!"). So deftig die Flüche, so verzärtelt manchmal die Sprache, man vergleiche nur die Anreden. Sehr oft werden die gewöhnlichsten Wörter in verniedlichter Form gebraucht: Bei weiblichen Wörtern wird **-ica** angehängt: **Idem kućica.** statt **Idem kući.**: „Ich gehe nach Häuschen" bei männlichen **-ić**: **Uzmi keksić!** statt **Uzmi keks!**: „Nimm ein Kekschen!"

All dies bringt meist große Spannungen für jeden einzelnen mit sich, ob jung, ob alt, Mann oder Frau, Arbeiter oder Akademiker. Die Ergebnisse von deren Verarbeitung können dem Westler derselben „Kategorie" ganz paradox erscheinen.

Manchmal hilft auch der Nationalstolz, die Schwierigkeiten vergessen zu machen. Sie werden viele Fahnen sehen, das rot-weiße Schachbrettwappen auf Autokennzeichen, Kiosken, Hemden, Schulranzen. Die Kroaten haben sich 1990 tapfer gegen das alte kommunistische System entschieden und für diese Entscheidung schwere Opfer gebracht. Wie demokratisch oder wie national das neue Kroatien aber sein wird, ist noch nicht entschieden. Wir begleiten ein Land mit seinen Menschen, das selbst noch auf der Reise ist.

Begrüßung & Abschied

Dobar dan!	Guten Tag!
oder **bardan!**	Tag!
Dobro jutro!	Guten Morgen!
oder **brojutro!**	Moin!
Dobro veče!	Guten Abend!
oder **broveče!**	'n Abend!
Laku noć!	Gute (Leichte) Nacht!
Do viđenja!	Auf Wiedersehen!
Zbogom!	Lebewohl. (Mit Gott!)

Lockerere Sprüchlein sind:

Ćao!	Ciao! Hallo! und Tschüss!
Bog!	Gott (sei mit dir)!
	Tschö! (in Nordkroatien)
Adio!	Tschö! (in Dalmatien)

Beim Abschied stellt man oft **Hajde!** voran:

Hajde, ćao.	Also, tschüss.
Gdje si?	Wo bleibst du denn so?
Što radiš?	Was machst du so?
Kako si/ste?	Wie geht's dir/Ihnen?
Kako je?	Wie geht's? Wie isses?
Dobro, hvala.	Danke, gut.
Pa, tako.	Na, geht so.
Ma, loše.	Ach, schlecht.

Anrede

Für gewähltere Anreden gibt es im Kroatischen eine Extra-Endung (5. Fall: „Vokativ"). Sie ist ganz wild gewürfelt.

Bei Namen, die auf **-a** enden: **-o** oder **e**, aber oft verzichtet man darauf.

Ej! He!	**Alo!** Hallo!

Ano! oder **Ana!**	Anna!
Nado! oder **Nada!**	Nada!
Karolina!	Caroline!
Gospođo!	Meine Dame!

Bei männlichen Anreden **-e** oder **-u**! Das muss sein.

Zorane Iviću!	Zoran Ivic!
Prijatelju!	He, Freund!
Gospodine!	Mein Herr!
Bože! (von **bog**)	O Gott!

Dies gilt auch bei Namen auf **-o** (**Branko, Marko**) und **-e** (**Ante, Sale**). Die sind sehr häufig, denn man ruft sich fast ausschließlich bei Spitz- oder Kosenamen, die auf **-o** oder **-e** enden; **Ivan** z. B. wird dann zu **Ive** (in Dalmatien) oder **Ivo**. Ich z. B. heiße **Gago** (von **Dragoslav**). Ich kenne außerdem **Gogo, Guga, Gigo, Gega** und **Grgo**.

Bei Mehrzahl, Eigenschaftswörtern etc. wird keine besondere Ruf-Endung benötigt.

Die Kosenamen müssen übrigens nichts mit dem Vornamen oder dem Geschlecht zu tun haben: **Guga** heißt bürgerlich **Ẹmilija**, **Gịga** heißt **Dụšan**.

Lassen Sie sich also mit einem netten Namen „taufen", damit sich die Gastgeber nicht mit „Ludger" oder „Rüdiger" abmühen müssen. Auch Frauennamen, die nicht auf **-a** enden (Karin, Uschi, Wiebke) sind dringend anpassungsbedürftig!

Nun zu den offiziellen Anreden. Jemand, dessen Namen man nicht kennt, spricht man an mit:

Gospọdine!	Mein Herr!
von **gospọdin**	Herr
Gospọđo!	Meine Dame!
von **gospọđa**	Frau
Gospọđice!	Mein Fräulein!
von **gospọđica**	Fräulein

Etwas formloser heißt es:

Šẹfe!	für Ladeninhaber, Kellner etc.
Dẹčko!	Junge! Junger Mann!
Djẹvojko!	Junge Frau!
Djẹvojčice!	Junges Mädchen!
Čiko!	Onkel! (salopp für ältere Leute!)
Tẹta!	Tante!
Šjor!	Mein Herr! (in Dalmatien)
Šjora!	Meine Dame!

Kommt von Signore und Signora

Es ist sehr weit verbreitet, sich zwar zu siezen, aber dennoch beim Vornamen zu rufen oder sogar „Anredetitel + Vornamen" zu benutzen, wie etwa „Frau Katrin, Herr Matthias, Herr Franz":

Kako ste, gospa Kato?
wie Sie-sind Frau Kata
Wie geht es Ihnen, Frau Kata?

Šjor Mate, gospon Franjo, moram Vas nešto pitati.
Herr Mate Herr Franjo ich-muss Sie etwas fragen
Herr Mate, Herr Franjo, ich muss Sie etwas fragen.

Zwischen Frauen und Männern und unter Frauen sind auch zärtlichere Anreden durchaus üblich!

Sine (moj)!	(Mein) Sohn!	
Dragi! Draga!	(Mein/e) Liebe/r!	*auch für Mädchen!!*
Mili! Mila!	(Mein/e) Liebste/r!	*auch in Briefen*
Dušo (moja)!	(Meine) Seele!	
Srce (moje)!	(Mein) Herz!	
Sunce (moje)!	(Meine) Sonne!	
Ljubavi (moja)!	(Meine) Liebe!	ljubav – *die Liebe*

Die Familie

Die liebe Familie:

obi̯telj, fạmilija	Familie
rọditelji	Eltern
diję̣te (Mz.: **djeca**)	Kind (Kinder)
mạma	Mama, Mutti
majka, mạti	Mutter
tạta	Papa
ọtac	Vater
kćẹrka	Tochter
sịn	Sohn
sẹstra	Schwester
brạt	Bruder
bạka	Oma, Großmutter
djẹd	Opa, Großvater

Ziemlich salopp sagt man auch noch:

ćạća, bạbo	Vater/Alter
brạt	Bruder

So, das waren die einfachen Bezeichnungen. Von nun an wird es kompliziert, denn in der weiteren Verwandtschaft (**rọdbina**) gibt es für fast jeden Verwandten – **rọđak** (m), **rọđak(inj)a** (w) – eine eigene Bezeichnung:

tȩtka	Tante, Schwester von Vater oder Mutter
tȩtak	ihr Mann, angeheirateter Onkel
ujak	Mutters Bruder, Onkel mütterlicherseits
ujna	seine Frau, angeheiratete Tante mütterlicherseits
striȼ	Vaters Bruder, Onkel väterlicherseits
strina	seine Frau, angeheiratete Tante väterlicherseits
svȩkar i svȩkrva	Schwiegereltern für die Frau
tȧst i punica	Schwiegereltern für den Mann

Für die Schwäger und Schwägerinnen gibt es unzählige Einzelbezeichnungen: **šogor, jȩtrva, zȩt, snȧha, prija, zȧova, svȧstika** etc., je nach Grad der Angehörigkeit, ebenso für Nichten und Neffen, Cousins und Cousinen. Da sagt man am besten **sȩstra mȯg muža** (Schwester meines Mannes), **kćȩrka mȯg brȧta** (Tochter meines Bruders) oder **sȋn mȯje tȩtke** (Sohn meiner Tante).

Die Patenschaft bei Taufe und Trauung ist eine intensive Beziehung, fast noch fester als Verwandtschaft:

kuma	Trauzeugin, Taufpatin
kum	Trauzeuge, Taufpate

Beziehungen & Ehe

Ein Pendant zu dem schrecklichen Wort „Beziehung" gibt es im Kroatischen eigentlich nicht. **Odnos** bezeichnet eher eine längere Bettgeschichte. Man sagt also besser:

Mi smo zajedno/par.
Wir sind zusammen/ein Paar.

Ona je moja ...	On je moj ...
Sie ist meine ...	Er ist mein ...
cura, djevojka	**momak, dečko**
Freundin	Freund
ljubavnica	**ljubavnik**
Geliebte	Geliebter
zaručnica	**zaručnik**
Verlobte	Verlobter
žena	**muž**
Ehefrau	Ehemann

Eine kroatische Hochzeit sollten Sie unbedingt mitfeiern!!

svadba/vjenčanje	Hochzeit
brak	Ehe

Oni se vjenčavaju.
sie sich bekränzen
Sie heiraten.

Oni su vjenčani/u braku.
sie sind bekränzt/in Ehe
Sie sind verheiratet.

Bei Frauen heißt es:

Ọna se udaje.	**Jẹl' ste vi ụdati?**
sie sich weggibt	*ist-„?" sind Sie ụeggegeben*
Sie heiratet.	Sind Sie verheiratet?

Bei Männern heißt es:

On se žẹni.	**Jẹl' ste vi ọžẹnjeni?**
er sich weibt	*ist-„?" sind Sie beweibt*
Er heiratet.	Sind Sie verheiratet?

Redewendungen

Nichts wirkt so frisch in einer gesprochenen Sprache, wie das lockere Einstreuen der richtigen Floskeln. Und man kann mächtig Eindruck schinden. **Bịrajte sạmi!** Wählen Sie selbst!

Zustimmung, Ablehnung

Svejẹdno!	Egal!
Dạ	Ja
Jẹst!	Jawohl!
	(klingt oft wie „Yes!")
Tạko je!	So ist es!
Tọčno!	Genau! Stimmt!
Slạžem se!	Einverstanden!

stọ jẹdan | 101

U redu!	In Ordnung!
Okej!	O.K.!
Dogovoreno!	Abgemacht!
Svakako./Dakako.	Auf jeden Fall./ Unbedingt.
Naravno./Jašta.	Natürlich.
Jasno.	Klar.
U pravu si/ste.	Du hast/Sie haben Recht.
Hvala bogu.	Na, Gott sei Dank./ Natürlich.
I te kako!	Und wie!
Nego što?	Was denn sonst?
Ne.	Nein.
Nikako.	Keinesfalls.
Nije točno!	Stimmt nicht!
Nije istina.	Das ist nicht wahr.
Bože sačuvaj!	Gott behüte!
Ne dolazi u obzir.	Kommt nicht in Frage.
Ma kakvi!	Ach, was!
Malo sutra!	Von wegen!

bisschen morgen

Verstärkt wird das alles durch **Ama, ...** oder **Ma, ...**

| Ama da! | Aber ja doch! |
| Ma bože sačuvaj! | Aber, um Gottes Willen! |

Verwunderung, Zweifel

| Je li? Stvarno? | Tatsächlich? |
| Ma nemoj(te)! | Sag(en Sie) bloß! |

Ma što kažeš?	Was du nicht sagst!
Zar?	Ja, wirklich? Ist das so?
Nije valjda/moguće?	Nicht möglich!
Tako, znači.	So ist das also.
Zaista? Doista?	Wirklich?
Ozbiljno?	Ernsthaft?, Echt?
Pa?!	Na und?!

Verständnis, Wissen

A? Što?	Hä? Was?	
Molim?	Bitte?	
Kako, molim?	Wie bitte?	
Ne razumijem.	Verstehe ich nicht.	*akustisch*
Nisam te razumio/ razumjela.	Ich habe dich nicht verstanden (m/w).	
Nisam vas čuo/čula.	Ich habe Sie nicht verstanden (m/w).	
Recite još jedanput!	Sagen Sie es nochmal!	
Malo sporije, molim.	Etwas langsamer, bitte.	
Aha/Ahaha.	Aha! Ach, so ist das!	
Sada mi je jasno.	Jetzt ist's mir klar.	
Razumijem/Shvaćam.	Verstehe/Kapiere!	
Kužim.	Geschnallt!	
Znam, znam.	Ich weiß, ich weiß!	
(Pa,) ne znam.	Schon gut! (Tja,) weiß nicht!	
Otkud' znam?	Woher soll ich das wissen?	
Bog zna!	Gott weiß!	
Pitaj boga!	Gott weiß!	*frag Gott*
Pojma nemam!	Keine Ahnung!	

Danke, Bitte, Entschuldigung

Hvala (lijepo/lijepa).	Danke(schön).
Puno ti/vam hvala. *(viel dir/ihnen Dank)*	Vielen Dank!
Hvala na ...	Danke für ...
Nema na čemu.	Nichts zu danken.
Molim (lijepo).	Bitte(schön).
Izvolite.	Bittesehr.
Dopustite! Dozvolite!	Erlauben Sie!/ Gestatten Sie!
Oprosti(te)!	Verzeih(en Sie)!
Izvini(te)!	Entschuldige(n Sie)!
Oprostite što ...	Entschuldigen Sie, dass ...
... kasnim/smetam.	... ich zu spät komme/ störe.
Ništa, ništa.	Macht nichts! Schon gut! Keine Ursache!
Nema veze.	Macht nichts!
Nema problema.	Kein Problem!

Glückwünsche, Bedauern

Bei jedem freudigen oder feierlichen Anlass, privat wie öffentlich, also Geburtstag, Kindersegen, sonstigen persönlichen Höchstleistungen, aber genauso zu allgemeinen Feiertagen, wie **Božić** (Weihnachten), **Uskrs** (Ostern), wird sich beglückwünscht. All das mit dem einfachen Wort **Čestitam!** Gratuliere! Glückwunsch!

Čęstitam ti/vam blągdan!
gratuliere dir/Ihnen Feiertag
Schönen Feiertag!

Srętan prąznik!	Schönen Feiertag!
Srętan rođendan!	Alles Gute zum Geburtstag!
Srętnu Nǫvu Gǫdinu!	Frohes Neues Jahr!
(Žęlimo ti) Pųno ųspjeha!	Viel Erfolg!
(wünschen dir) viel (des) Erfolges	
... da se brzo opǫraviš!	Gute Besserung!
dass sich schnell erholst	
... svę nąjbolje!	Alles Gute!
alles Beste	
Šteta!	Schade!
Žąo mi je!	Tut mir leid!
Leid mir ist	
Prįmite mǫje saućešće!	Mein Beileid!
annehmen-Sie mein Beileid	
Pćįha!	Hatschi!
Ną zdravlie!	Gesundheit!

Warnung, Abweisung

Pąžnja!	Achtung!	*Beim Siezen*
Pǫzor!	Vorsicht!	-te *anhängen:*
Pązi!	Pass auf!	Pązite!
Čuvaj se!	Pass auf dich auf!	Čųvajte se!
Bjęži!	Hau ab!	
Gųbi se!	Verschwinde!	
Nęmoj!	Lass das!	
Nę treba!	Nicht nötig!	

Füllwörter

u stvari	eigentlich
dakle/znači	also
pa	na, nun, tja
jel' da?	nich' wahr? ne?
kao, nekako	irgendwie, so
mislim	ich glaube/finde/meine/denke
čini mi se	mir scheint, anscheinend
možda	vielleicht
valjda	wohl, wahrscheinlich
sigurno	bestimmt, sicher
to jest	das heißt
recimo	sagen wir
Čuj!	Hör mal!
na primjer	z. B.

Es gibt sogar ein Wort
für „äääh ...": ovaj ...

boga mi/ti	Bei Gott!
majke mi/ti	Bei Gott!
(bei Muttern)	
čovječe	Mensch! Mann!
zaboga	Mann!

Vorstellen

Bei förmlicherem Kennenlernen: Vor- oder Zunamen, je nachdem, wie man genannt werden will, dann:

Drago mi je!
es ist mir lieb
Angenehm!

Bilo mi je drago što smo se upoznali!
Es war mir eine Freude, Sie/Dich kennenzulernen!

Kako se zoveš/zovete?   **Zovem se Horst.**
wie sich rufst/ruft   *rufe sich Horst*
Wie heißt du/heißen Sie?   Ich heiße Horst.

Odakle si? Odakle ste?
woher bist woher seid
Wo kommst du/kommen Sie her?

A vi/ti?   **Ja sam iz Švicarske.**
Und Sie/du?   Ich bin aus der Schweiz.

Gdje živiš/stanuješ?   **Živim u Ženevi.**   *(6. Fall)*
wo lebst/wohnst   *lebe in Genf*
Wo lebst/wohnst du?   Ich lebe in Genf.

Koliko imaš godina?   **Imam trideset godina.**   *(2. Fall Mehrzahl)*
wieviel hast der-Jahre   *habe dreißig der-Jahre*
Wie alt bist du?   Ich bin 30.

Što radite?   **Gdje radite?**
was arbeitet   *wo arbeitet*
Was arbeiten Sie?   Wo arbeiten Sie?

Što ste po zanimanju/po narodnosti? (3. Fall)
was seid gemäß Beruf/gemäß Nationalität
Was sind Sie von Beruf? Welche Nationalität
haben Sie?

Ja sam ...	Ich bin ...
... radnik.	... Arbeiter.
... namještenik.	... Angestellter.
... službenik.	... Beamter.
... učenik.	... Schüler/Azubi.
... student.	... Student.
... penzioner.	... Rentner.

Die weiblichen Formen erhält man, wenn
man **-ik** durch **-ica** ersetzt: **radnik, radnica,**
bzw. **-ica** oder **-ka** anhängt:

student	studentica
doktor	doktorica
Nijemac	**Njemica**
Deutscher	Deutsche
Austrijanac	**Austrijanka**
Österreicher	Österreicherin
Švicarac	**Švicarka**
Schweizer	Schweizerin
Nizozemac	**Nizozemka**
Niederländer	Niederländerin
Belgijanac	**Belgijanka**
Belgier	Belgierin

Zu Gast sein

Kroaten sind ist in der Tat sehr gastfreundlich – privat sehr viel mehr als in der Urlaubsreklame.

Unter jungen Leuten trifft man sich, vor allem abends, eher zu Hause, als dass man ausgeht. Die Gaststätten sind für junge Leute ziemlich teuer. (Kaum jemand jobbt, denn Jobs gibt es nur wenige. Das Geld kommt von den Eltern.) Außerdem schließen die meisten Lokale vor Mitternacht. Statt dessen geht man bei engerer Bekanntschaft – auch unangemeldet – mal eben vorbei und macht **sijelo** (Sitzfete) oder **žurka, fešta, tulum** (Fete).

Auch bei Älteren kehrt man ohne weiteres unangemeldet auf einen Sprung **na kavicu** (zum „Kaffeechen") ein.

Für einen ausgedehnten ersten Besuch oder auch eine Einladung sollten Sie aber durchaus ein wenig förmlicher sein.

poziv – Einladung

Dođite nam u goste!
kommt uns in Gäste
Kommt/Kommen Sie zu uns zu Besuch!

Vrlo rado! Kada vam odgovara?
sehr gern wann Ihnen entspricht
Sehr gern! Wann passt es Ihnen?

Nažalost, ne možemo u subotu.
leider nicht können-wir am Samstag
Leider können wir am Samstag nicht.

Već smo zauzeti/imamo neke planove.
schon sind besetzte/haben irgendwelche Pläne
Wir sind schon besetzt/haben schon was vor.

Mi bi vas rado posjetili u ponedjeljak.
wir würd Sie gerne besuchte am Montag
Wir würden Sie gerne am Montag besuchen.

Ganz pünktlich zu kommen, ist nicht besonders höflich, denn die Gastgeber stecken vielleicht noch in der Vorbereitung. Bis zu einer
Viertelstunde Verspätung ist angebracht.

Auf jeden Fall aber: **Oprostite što kasnimo.**
entschuldigt dass verspäten
Entschuldigen Sie bitte unsere Verspätung.

Izvolite, uđite, sjedite!
belieben-Sie reinkommen-Sie setzen-Sie
Bitte, kommen Sie herein, setzen Sie sich.

Skinite kaput/jaknu/cipele.
abnehmen-sie Mantel/Jacke/Schuhe
Ziehen Sie den Mantel/die Jacke/die Schuhe
aus.

Raduje nas što ste došli / nas pozvali.
freut uns was sind gekommene / uns gerufene
Es freut uns, dass sie gekommen sind /
uns eingeladen haben.

Jemand, dessen Haus man das erste Mal betritt, bekommt ein **poklon** (Geschenk): Blumen, Kosmetik, Alkoholika. Kinder erwarten immer eine Kleinigkeit. Aber Vorsicht, die Leute beschäftigen ihr Gedächtnis gerne mit dem Nachhalten endloser Verbindlichkeiten und Verpflichtungen. **Nemojte pretjerivati!** *„Nicht übertreiben!"*

Ein wirklich auffallender Brauch ist der Begrüßungs- und Abschiedskuss, **pusica,** auf Deutsch gerne – warum eigentlich? – Bruderkuss genannt. Hierzulande inzwischen recht mondän, ist er in Kroatien eine völlig unaffektierte uralte Tradition. Wenn man sich ein bisschen kennt, kann man sich zur Begrüßung wie zum Abschied auf die Wange küssen. Es ist sowas wie ein herzlicherer Händedruck. Am besten genau hinsehen, wie es die Gastgeber handhaben.

Zur Technik: Natürlich immer zuerst die Dame des Hauses, den Herrn aber genauso. Jeden zweimal (einmal pro Wange). Man kann sich richtig beschmatzen (Lippenfront oder Mundwinkel) oder auch distinguiert vorbeibusserln, ganz wie es beliebt. Dabei gibt man sich die Hand oder fasst sich an den Schultern.

Gastgeber und Gast

Oberste Gastgeberregel ist: Der Gast tut nichts! In den meisten Fällen wird man Ihnen nicht einmal erlauben, die Betten selbst zu machen, wenn Sie über Nacht geblieben sind.

Ein miserabler Gastgeber ist, wer seinen Gast seine **šljivovica** selbst holen oder gar das Geschirr mitspülen lässt. Andererseits: man darf sich ruhig beharrlich wehren, wenn man sich nicht von vorne bis hinten bedienen lassen will:

Molim vas, sam/sama ću.
bitte Sie alleine (m/w) werde
Ich bitte Sie, das mache ich selbst.

Dopustite da vam pomognem!
erlauben-sie dass Ihnen helfe
Gestatten Sie, dass ich Ihnen helfe!

Ja ću vam pomoći ...
ich werde ihnen helfen
Ich werde Ihnen helfen ...

... namjestiti krevete.
... machen Betten
... die Betten zu machen.

... spremiti sobu.
... fertigmachen Zimmer
... das Zimmer aufzuräumen.

... postaviti stol.
... aufstellen Tisch
... den Tisch zu decken.

... oprati suđe.
... waschen Geschirr
... das Geschirr zu spülen.

Zajedno ćemo!/Hajdemo zajedno!
zusammen werden/los-wir zusammen
Das machen wir zusammen!

Und als letztes Mittel:

To se kod nas tako radi.
das sich bei uns so tut
Das macht man bei uns so.

Takav je kod nas običaj.
solcher ist bei uns Brauch
So ist es bei uns üblich.

Die Gastgeber werden nämlich genauso beharrlich sein. Vor allem in dem Bestreben, den
Gast mit Essen vollzustopfen, bis er/sie be-
wusstlos vom Stuhl sackt.

🍮 **Da li ste gladni? Hajdemo jesti!**
ob „?" sind hungrig los-wir essen
Seid ihr/Sind Sie hungrig? Lasst uns essen!

Da die Hausherren oft selber auftragen, ohne
zu fragen, hilft hier nur inständiges:

*Geben Sie sich ein
bisschen Mühe: Es gilt
in der Tat als kleiner
Affront, das reichlich
Angebotene zu
verschmähen.*

🍮 **Samo malo, molim vas/te!**
nur wenig bitte Sie/dich
Nur ein bisschen, bitte!

Tek sam jeo/jela.
erst habe gegessener/gegessene
Ich habe gerade erst gegessen.

Dosta mi je toliko, hvala.
genug mir ist so viel danke
Das reicht mir, danke.

Još sam sit/sita.
noch bin satt/e
Ich bin noch satt.

Jao, pući ću!
aua platzen werde
Oje, ich platze!

Zaista ne mogu više, hvala!
wirklich nicht kann mehr danke
Ich kann wirklich nicht mehr, danke!

Ein Gastgeber erwartet dafür allerdings auch seinen Lohn: Kein Dank, kein Lob ist zu überschwenglich!

Odlično/Divno prija.
ausgezeichnet/wunderbar schmeckt
Es schmeckt ausgezeichnet/wunderbar.

Veoma je ukusno.
sehr ist schmackhaftes
Es ist sehr lecker.

Bilo je prekrasno.
gewesenes ist über-schöne.
Es war toll.

Kako ste to...	Wie haben Sie das ...
wie sind das	
... napravili?	gemacht?
... gemachte	
... pripremili?	zubereitet?
... skuhali?	gekocht?
... ispekli?	gebacken/gebraten?

Morate mi dati recept.

müssen mir geben Rezept

Sie müssen mir das Rezept geben.

Može li televizor/radio malo tiše?

kann „?" Fernseher/Radio wenig leiser

Kann man den Fernseher/das Radio ein wenig leiser stellen?

Bei vielen Leuten dröhnen pausenlos Fernseher und Radio.

jače	lauter
stišati-stišam (vo.)	leiserstellen
pojačati-pojačam (vo.)	lauterstellen

Hladno mi je. Obući ću pulover/šal/kapu.

kalt mir ist anziehen werde Pullover/Schal/Mütze

Mir ist kalt. Ich ziehe einen Pullover/einen Schal/eine Mütze an.

Kroaten reden viel übers Geld. Wenn jemand also nach den Einkünften fragt, ist das nicht ungewöhnlich. Oft werden sie in den Betrieben öffentlich ausgehandelt, jeder weiß, wer wieviel verdient. (Dass das Neid und Missgunst abgebaut hätte, lässt sich jedoch kaum behaupten.)

Ako smijem pịtati, kolịko vị zarạđujete? 🕦
wenn darf fragen wie viel Sie verdienen
Wenn ich fragen darf, wie viel verdienen Sie?

Moja plạća je oko tịsuće euro mjẹsečno. 🕦
mein Lohn ist um tausend Euro monatlich
Ich verdiene um die 1.000 Euro im Monat.

„Ich muss mal ..."

Mọram na jẹdno mjẹsto. (diskreter Tonfall) 🕦
muss auf einen Ort
Ich muss mal.

Gdje vam je ...   Wo haben Sie ... 🕦
... klozet/toalet?   ... das Klo, die Toilette? 🕦

Die öffentlichen Klos sind im allgemeinen
recht verdreckt. In Zügen ... naja, da kann ich
eigentlich nur raten, drei Tage vorher nichts
zu sich zu nehmen. Am unbedenklichsten ist
noch der gute alte **čụčavac** (Plumpsklo), weil
man sich nämlich auf keine Brille von zwei-
felhaftem hygienischen Zustand setzen muss.

WC
ŽENSKI

WC
MUŠKI

(Eine alte Anekdote besagt, dass die **opanci** (Bauernschuhe) deshalb so hoch geschnabelt sind, damit man sich beim Hocken an ihnen festhalten kann.) Es empfiehlt sich, immer ein paar Taschentücher in der Tasche zu haben, wenn es in ein öffentliches oder Restaurant-Klo geht. Denn **klozetpapir** (Klopapier) wird, obwohl es in jedem Supermarkt tonnenweise herumliegt, offenbar nie hineingelegt.

verabschieden

Beim Abschied nicht vergessen:

🖐 **Bilo nam je veoma lijepo sa vama.**
gewesenes uns ist sehr schön mit euch/Ihnen
Es war für uns sehr schön mit euch/Ihnen.

🖐 **Hvala vam/ti na gostoprimstvu/jelu.**
Dank Ihnen/dir auf Gastfreundschaft/Essen
Vielen Dank für die Gastfreundschaft/das Essen.

🖐 **Puno hvala na svemu.**
viel Dank auf alles
Vielen Dank für alles.

🖐 **Pusice.**
Küsschen, Küsschen.

Unterkunft

Am schönsten wohnt es sich in Kroatien in Privatzimmern.

Evo nas, stigli smo, tu smo.
da uns angekommene sind da sind.
Da wären wir, wir sind angekommen, wir sind da.

Wenn man nicht unterwegs schon Schildern mit der Aufschrift **pansion** (Pension) oder **sobe** (Zimmer) begegnet ist, fragt man einen Passanten:

Znate li tko ovdje izdaje sobe?
ob „?" wissen wer hier vermietet Zimmer
Wissen Sie, wer hier Zimmer vermietet?

Imate li slobodne sobe?
ob „?" haben freie Zimmer
Haben Sie Zimmer frei?

Tražimo sobu sa tri kreveta.
suchen Zimmer mit drei des Bettes
Wir suchen ein Zimmer mit drei Betten.

Gdje ovdje ima pansion?
wo hier hat Pension
Wo gibt es hier eine Pension?

za četiri osobe	für vier Personen
samo za mene	nur für mich
za jednu noć	für eine Nacht

za dva tjedna	für zwei Wochen
do prvog rujna/desetog	bis zum ersten September/zehnten

Ist es unmöglich, auf eigene Faust etwas zu finden, dann wendet man sich an das örtliche **turist-biro**, das Zimmer vermittelt. Das hat einen Nachteil: Man zahlt die offiziellen Preise, und zwar an die Agentur, die davon Provision kassiert. Prinzipiell sind für Ausländer auch die Zimmerpreise höher als für Kroaten (die sonst gar nicht an ihr Meer, in ihre Berge und Kurorte fahren könnten).

Mit dem **gazda** oder der **gazdarica** (Wirt/in) kann man vielleicht einen günstigeren Preis aushandeln und in Devisen bezahlen.

Može li jedna paušalna cijena u euro?
ist „?" kann ein pauschaler Preis in Euro
Geht ein Pauschalpreis in Euro?

A, oprostite, ali to nažalost ne može.
ach verzeihen-Sie aber das leider nicht kann
Na, Verzeihung, aber das geht leider nicht.

Auch gut. **Gazda i gazdarica** bieten oft Mahlzeiten an:

Soba je sa doručkom/ručkom/večerom. (7. Fall)
Zimmer ist mit Frühstück/Mittag-/Abendessen
Das Zimmer ist mit Frühstück/Mittag-/Abendessen.

Ovo vam je ...
das euch ist ...
Das ist Ihr ...

... dnevna soba.	... Wohnzimmer.
... spavaća soba.	... Schlafzimmer.
... kuhinja.	... Küche.
... kupaonica.	... Bad.
... tuš.	... Dusche.
... veče (WC)/klozet.	... WC/Klo.
... hodnik.	... Flur.
... balkon/terasa.	... Balkon/Terrasse.
... vrt.	... Garten.
... ormar/frižider.	... Schrank/ Kühlschrank.
... štednjak.	... E-Herd.
... rešo, rešo na plin.	... Kochplatte/ Gaskocher.
... posteljina/ručnik.	... Bettzeug/ Handtuch.
... mašina za veš/rublje.	... Waschmaschine.
... suđe.	... Geschirr.

Soba je sunčana.	Das Zimmer ist sonnig.
... svijetla.	... hell.
... mračna.	... dunkel.

Upalite svjetlo!
anmachen-Sie Licht
Machen Sie
das Licht an!

Otvorite vrata!
aufmachen-sie Türe
Machen Sie
die Tür auf!

Nemamo struju/toplu vodu. (4. Fall)
nicht-haben Strom/warmes Wasser
Wir haben keinen Strom/kein Warmwasser.

Bojler ne radi/ne funkcionira.
Boiler nicht arbeitet/nicht funktioniert
Der Boiler tut's nicht/funktioniert nicht.

Slavina je pokvarena.
Wasserhahn ist kaputte
Der Wasserhahn ist kaputt.

Da li ćete kuhati ovdje?
ob „?" werden kochen hier
Werden Sie hier kochen?

Ne, jest ćemo u restoranu.
nein essen-werden im Restaurant
Nein, wir werden auswärts essen.

Ovdje se baca smeće.
hier sich wirft Müll
Hier wird der Müll weggeschmissen.

Uvijek zaključajte vrata!
immer abschließen-Sie die Türe
Schließen Sie immer die Tür ab!

Gdje ćemo ostaviti ključeve?
wo werden lassen Schlüssel
Wo tun wir die Schlüssel hin?

Einzahl: ključ

Essen & Trinken

Alleine für die Namen der Speisen wäre ein mindestens dreibändiges Wörterbuch nötig. Ich musste mich darauf beschränken, nur meine Leibspeisen zu empfehlen. Doch erst zu den Lokalitäten:

gostionica	Gaststätte
restoran	Restaurant, Speisegaststätte
kavana	Cafe: Hier lässt man es sich gut gehen! Groß, hell, verraucht, immer mit Straßenterrasse, spielt es die Rolle der Kneipe oder des Kaffeehauses.
bar	Bar: Theke, wenige Sitzplätze.
kafić	modisches Cafe oder Kneipe für Jugendliche
slastičarnica	Konditorei: Süßwaren, Säfte, Kaffee, kein Alkohol
čevabdžinica	**Čevapčići**-Imbiss
buregdžinica	Burek-Imbiss

Generell ist die kroatische Küche eher derb, deftig, oft ölig. Kroaten essen traditionell bevorzugt Fleisch. Eine Mahlzeit ohne Fleisch ist entweder keine oder eine Frechheit. Vegetarier werden sogar oft belächelt und bleiben obendrein hungrig.

Ansonsten herrscht unüberschaubare regio-
nale Vielfalt. Man sollte wirklich mit Eifer das
je nach Gegend **domaće** (Einheimische, Haus-
gemachte) suchen, an Landstraßen, an abge-
legeneren Plätzen. Nur Mut! **Probajte ovo!**

„Probieren Sie das mal!"

jelovnik	Speisekarte
iznutrice	Innereien
mozak	Hirn
tripice, fileci	Kutteln, Pansen
jetra	Leber vom Grill
brizle	Kalbsbries vom Grill
pršut	Räucherschinken (sehr gut in Dalmatien)
burek	Blätterteigtasche mit Hackfleisch oder Käse
gibanica	Blätterteigauflauf mit Schafskäse
grah	Bohnensuppe

jela sa roštilja (Speisen vom Grill), wie
ćevapčići, ražnjići, pljeskavica, waren ursprünglich nur **meze** (Imbiss). Zu empfehlen
sind sie sowieso eher im Binnenland. Am
Meer isst man natürlich am besten:

ribe	Fische
bakalar	Stockfisch
škampe	Scampi
dagnje	Johannismuscheln
ostrige	Austern
sipa	Tintenfisch groß
lignje	Tintenfisch klein
riblja juha	Fischsuppe

bakalar – *dalmatinisches Weihnachtsessen*

lignje – *Gegrillt essen! Viel besser als paniert in Ringen!*

Janje na ražnju und **odojak/prase na ražnju** sind frisch gebratenes Lamm bzw. Ferkel vom Spieß. Am besten schmecken Sie in den kleinen Gasthäusern am Straßenrand überall im Land.

Slastice (Süßspeisen) triefen vor Zucker oder Honig, z. B. **tulumba** und **baklava,** zwei ursprünglich türkische Süßspeisen aus Teig. Aus der österreichischen Zeit stammen **šamrolna** (Schaumrolle), **krafn** (Krapfen) und **palačinke** (Pfannkuchen). Blätterteigstrudel mit Obst, eventuell aber auch mit Fleisch oder Spinat oder Porree, heißen **pita** oder **štrudla**.

Koji su vaši domaći specijaliteti?
Welche sind Ihre hausgemachten Spezialitäten?

Što je tipično za ovaj kraj?
Was ist typisch für diese Gegend?

Što nam zaista možete preporučiti?
was uns wirklich können empfehlen
Was können Sie uns wirklich empfehlen?

Essbesteck heißt auch escajg – Esszeug

Fali nam ...	Uns fehlt ...
... pribor za jelo	... Essbesteck
... žlica/vilica	... ein Löffel/eine Gabel
... nož	... ein Messer
... tanjur	...ein Teller
... čaša/šalica	...ein Glas/eine Tasse

🍴 **Konobar! Naručiti, molim!**
Kellner bestellen bitte
Kellner! Wir möchten bitte bestellen.

🍴 **Što ćete piti?**
was werden trinken
Was trinken Sie?

🍴 **Ja ću** (oder **Uzet ću**) **jednu juhu, molim.**
ich werde (nehm-werde) eine Suppe bitte
Ich nehme eine Suppe, bitte.

Donesite nam ...	**bijelo/crno vino.**
bringen-Sie uns ...	*weißen/schwarzen Wein.*
Bringen Sie uns ...	Weiß-/Rotwein.

... dvije šljivovice.	... zwei Sliwowitz.
... jedan vinjak.	... einen Weinbrand.
... tri piva.	... drei Bier.
... gemišt, bevandu.	... Weinschorle.
... gusti sok.	... trüben Obstsaft.
... oranžadu.	... Limo.
... limunadu.	... Zitronenlimo.
... vruću rakiju.	... heißer Schnaps.
... svakom po kavu.	... jedem 1 Kaffee.

vruću rakiju – *im Winter, vergleichbar mit Glühwein*

Ali tursku kavu, molim!
Aber „türkischen Kaffee" (Mokka), bitte!

🍴 **Kako želite kavu? Sa šećerom ili bez šećera?**
wie wünschen Kaffee mit Zucker oder ohne Zuckers
Wie wünschen Sie den Kaffee? Mit oder ohne Zucker?

Slađu.	*süßeren*	Süß.
Srednju.	*mittleren*	Mittel.
Gorču.	*bittereren*	Kein Zucker.

4. Fall weiblich

Platiti, molim.
bezahlen bitte
Zahlen, bitte.

Račun, molim.
Rechnung bitte
Die Rechnung, bitte.

Živjeli!
Prost!

Dobar tek!
Guten Appetit!

Unterwegs

mit dem Auto

(7. Fall) **Evo što će vam trebati ako idete svojim autom!**
da was wird Ihnen brauchen wenn Sie-gehen mit-eigenem mit-Auto
Hier ist, was Sie brauchen werden, wenn Sie mit dem eigenen Auto unterwegs sind.

put	Weg, Straße; Reise; Fahrt
autoput	Autobahn
cesta	Landstraße
raskrsnica	Kreuzung
prometni znak	Verkehrsschild
semafor	Ampel

benzinska pumpa	Tankstelle	*Tankstelle heißt auch*
benzin	Benzin	crpka
dizel	Diesel	
super	Super	
bez olova *(ohne Blei)*	bleifrei	
ulje, voda, zrak	Öl, Wasser, Luft	
servis, radionica	Service, Werkstatt	
popravak	Reparatur	
rezervni dijelovi	Ersatzteile	
alat	Werkzeug	
parkiralište, parking	Parkplatz	
parkirati-parkiram	parken	

Napunite do kraja, molim!
füllen bis Endes bitte
Bitte volltanken!

Je li ovuda za Piran?
ist „?" hierlang nach Piran
Geht es hierlang nach Piran?

Kako ću doći do Samobora?
wie werde kommen bis Samobor
Wie komme ich nach Samobor?

Joj, izgubili smo se.
au verlorene sind sich
Oje, wir haben uns verfahren.

Ne, ne, onuda!
nein nein da lang
Nee, da entlang!

Pomozite mi, imao sam ...
Helfen Sie mir, ich hatte ...

... kvar.	... eine Panne.
... nesreću/nezgodu.	... ein Unglück.
... sudar.	... einen Zusammenstoß.

Sve je pokvareno. Što da radim?
alles ist kaputtes was das mache
Alles ist kaputt. Was soll ich machen?

Gdje mogu popraviti auto?
wo kann reparieren Auto
Wo kann ich das Auto reparieren?

(2. Fall) **Mogu vas povesti do sljedećeg mjesta.**
kann euch mitnehmen bis nächsten Ortes
Ich kann euch/Sie bis zum nächsten Ort
mitnehmen.

A propos: **ići autostopom** (trampen) an den
Fernstraßen ist in Kroatien unüblich. Auf
dem Land wird man für kurze Strecken aber
gern mitgenommen.

mit öffentlichen Verkehrsmitteln

Universalbegriff

postaja	Haltestelle
željeznička postaja	Bahnhof
autobusna postaja	Bushahnhof, -haltestelle
trolejbuska postaja	Trolleybushaltestelle
tramvajska postaja	Straßenbahnhaltestelle

taksi-postaja	Taxihalteplatz
kolodvor	Bahnhof
karta za	Karte nach
autobusna karta	Busfahrschein
karta za autobus	Fahrschein für Autobus
rezervacija	Platzkarte
prodaja karata	Kartenverkauf
šalter	Schalter
red vožnje	Fahrplan
dolazak/dolasci	Ankunft/Ankünfte
odlazak (odlasci)	Abfahrt(en)
peron	Bahnsteig, Bussteig
kolosijek	Gleis
čekaonica	Wartesaal

auch: Karte für ...

Tri karte za Pulu, molim.
Drei Karten nach Pula, bitte.

mit der Eisenbahn

An jedem Bahnhof wird man sofort von Herren in blauen Uniformen angesprochen. Das sind **nosači** (Gepäckträger).

prtljaga	Gepäck
kofer, kovčeg	Koffer
ruksak	Rucksack
torba	Tasche

Gdje možemo ostaviti prtljagu?
wo können lassen Gepäck
Wo können wir das Gepäck lassen?

3./6. Fall von garderoba   **Tạmo, u garderọbi.**

dort in Gepäckaufbewahrung

Dort, in der Gepäckaufbewahrung.

Das Eisenbahnnetz Kroatiens ist vor allem im Süden nicht besonders dicht, die Züge meist voll und langsam, allerdings kommt man sich in ihnen recht nahe. Pluspunkt: In den Liegewagen kann man beim **kondụkter** (Schaffner) Kaffee, Saft, Bier und Schnaps kaufen. Los geht's:

žẹljeznica	Eisenbahn
vlạk	Zug
kọla, vạgon	Wagen, Waggon
kụpe	Abteil
kụšet-kola/	Liegewagen
kọla sa lẹžajima	
spạvaća kọla	Schlafwagen
nẹ-/pušạči	Nicht-/Raucher
mjẹsto	Stelle, (Sitz-)Platz, Ort

Kạda prọlazi vlạk za Slạvonski Brọd? (4. Fall)

wann losgeht Zug nach Slavonski Brod

Wann fährt der Zug nach Slavonski Brod ab?

Oprọstite, gdjẹ je vạgon brọj sedamdẹset pẹt?

entschuldigen wo ist Waggon Nummer siebzig fünf

Entschuldigung, wo ist der Wagen Nr. 75?

mit dem Bus

Mit Bussen wird viel mehr gereist – sie sind relativ zuverlässig und schnell, man kommt vor allem überall hin.

autobus	Bus
vozač	Fahrer

Stajete li u Sinju? (3./6. Fall)
halten „?" in Sinj
Halten Sie in Sinj?

Ide li ovaj autobus preko Šibenika? (2. Fall)
geht „?" dieser Autobus über Šibenik
Fährt dieser Bus über Šibenik?

Nema mjesta, autobus je pun!
nicht-hat Platzes Bus ist voller
Es gibt keinen Platz mehr, der Bus ist voll!

Oprostite, ali to je moje mjesto.
Verzeihen Sie, aber das ist mein Platz.

mit dem Schiff

brod/trajekt/pristanište/luka
Schiff/Fähre/Anlegestelle/Hafen

Gdje mogu iznajmiti motorni čamac za jedan dan?
wo kann leihen Motorboot für einen Tag
Wo kann ich ein Motorboot für einen Tag ausleihen?

in der Stadt

pr<u>o</u>met	Verkehr
gr<u>a</u>dski prij<u>e</u>voz	öffentliche Verkehrsmittel
tr<u>a</u>mvaj	Straßenbahn
aut<u>o</u>bus	Bus
trol<u>ej</u>bus	Trolleybus, Oberleitungsbus
t<u>a</u>ksi	Taxi
t<u>a</u>ksist	Taxifahrer

M<u>o</u>že li do c<u>e</u>ntra?
ist „?" kann bis Zentrum
Ins Zentrum, geht das?

Kol<u>i</u>ko će k<u>o</u>štati?
wie viel wird kosten
Wie viel wird das kosten?

T<u>a</u>ksi k<u>o</u>šta oko j<u>e</u>dan euro po k<u>i</u>lometru.
Taxi kostet um einen Euro pro Kilometer
Taxi kostet etwa 1 Euro pro km.

Prtlj<u>a</u>ga se <u>u</u>vijek pl<u>a</u>ća p<u>o</u>sebno!
Gepäck sich immer bezahlt extra
Gepäckstücke werden immer extra bezahlt!

Grundform: **Gdj<u>e</u> t<u>i</u> st<u>a</u>nuješ?**
st<u>a</u>novati *wohnen* *wo du wohnst*
Wo wohnst du?

Kako ti se zove ... ?	Wie heißt dein/e ... ?
wie dir heißt ...	
... kraj	Gegend
... četvrt	Viertel
... ulica	Straße
... trg	Platz

Koja...? (w)	Welches ...?
... zgrada	Gebäude
... kuća	Haus

Koji ...? (m)	Welche ...?
... broj	Nummer
... kat	Etage
... stan	Wohnung

Kako se ide tamo? **Koliko je to daleko?**
wie sich geht dahin *wieviel ist das weit*
Wie geht man dahin? Wie weit ist das?

Sasvim je blizu.
völlig ist nah
Es ist ganz nah.

Bolje idite pješice!
besser gehen-Sie zu-Fuß
Gehen Sie besser zu Fuß!

In Kroatien fahren die Verkehrsmittel nicht, sie „gehen".

Avion ide preko Zagreba u Dubrovnik.

Flugzeug geht über Zagreb nach Dubrovnik

Das Flugzeug fliegt über Zagreb nach Dubrovnik.

Ebenso man selbst: man „geht".

Idemo...	Wir „gehen"...
...autom.	...mit dem Auto.
... vlakom.	... mit dem Zug.
... motociklom.	...mit dem Motorrad.

Išla je...	Sie „ging"...
... brodom.	mit dem Schiff.
... avionom.	... mit dem Flugzeug.
... taksijem.	... mit dem Taxi.

Dazu nimmt man den 7. Fall („Instrumental"), Endung **-om**, seltener **-em**. Er bezeichnet immer ein Mittel, das benutzt wird, also „mit" im Sinne von „mittels".

Wenn man hingegen sagen will: „Ich fahre mit einer Freundin", also „mit" im Sinne von „zusammen mit", dann benutzt man die Präposition **sa** + 7. Fall:

Idem sa jednom prijateljicom.

(zajedno sa, skupa sa – zusammen mit)

Vozite oprezno!	Fahren Sie vorsichtig!
Sretan put!	Gute Reise! Gute Fahrt!
Sretan ostanak!	Gutes Dableiben!

Einkaufen

Die Öffnungszeiten sind von Geschäft zu Geschäft unterschiedlich. An vielen steht bis 20 Uhr abends oder gar später **otvoreno** (geöffnet), dafür ist mittags **zatvoreno** (geschlossen). **Dragstor** (Drugstore) heißen die Läden in den Großstädten, die bis weit in die Nacht geöffnet haben.

dućan (za...)	Geschäft, Laden (für ...)
prodavnica	Verkaufsstelle, Laden
samoposluživanje	Selbstbedienungsladen
supermarket	Supermarkt
robna kuća	Kaufhaus
trafika	Kiosk
tržnica	Markt

Tako, idem u kupovinu.
so gehe in Einkauf
So, ich gehe einkaufen.

Imate li sapun?
ob „?" haben Seife
Haben Sie Seife?

Tražim papir. Gdje ga mogu naći?
suche Papier wo ihn kann finden
Ich suche Papier. Wo kann ich es finden?

Gdje stoji sapun?
wo steht Seife
Wo steht die Seife?

Ima.
Es gibt.

Nema.
Es gibt nicht/kein.

Danach steht wieder der 2. Fall:

Ima li sapuna?
hat „?" der Seife
Gibt es Seife?

Nema, rasprodato je.
nicht-hat ausverkauft ist
Gibt's nicht, ist ausverkauft.

auf dem Markt

Da li biste mi još jedanput izmjerili/izračunali?
ob „?" Sie-wurden mir noch einmal gemessene/gerechnete
Würden Sie es mir bitte nochmal abwiegen/
vorrechnen?

Hier ist Entschiedenheit und Höflichkeit angebracht, denn natürlich kann es einen
prodavac (Verkäufer), allesamt **pošteni ljudi**
(ehrliche Leute), beleidigen, wenn man die
Exaktheit seiner blitzartigen Rechen- und
Wiegemanöver anzweifelt. Heißer Tipp: Bei
den **prodavačice** (Verkäuferinnen) selbstge-
machter Milchprodukte, Backwaren, Melo-
nen etc. darf man kosten!

Ein praktisches Wort dazu ist **probati - probam**. Es heißt probieren, also: 1. von etwas kosten, 2. etwas anprobieren, 3. versuchen, etwas zu tun.

Mogu li probati?
kann „?" probieren
Darf ich mal kosten?

Probaj te opanci!
probier diese Opanken
Probier diese Opanken an!

Probao sam naći svježe voće!
probierter bin finden frisches Obst
Ich habe versucht, frisches Obst zu finden!

Opanci (Einz.: **opanak**) heißen die geflochtenen Schnabelschuhe der kroatischen Bauern. Auf Märkten kann man sie als orginelleres Souvenir kaufen.

Schnapsbrennen ist in Kroatien erlaubt, weshalb auch ganze Landstriche zu Zeiten der Pflaumenernte (**šljiva** Pflaume) im Delirium feiern. Man sollte keinen **štand/tezga** (Stand) mit **domaća rakija** (hausgebranntem Schnaps) auslassen.

Feilschen (**cjenjkati se**; von **cijena** Preis) ist auf Märkten grundsätzlich möglich. Allerdings ist es wichtig, sehr kritisch zu sein, unendlich viel Zeit und natürlich überhaupt kein Geld zu haben.

Ne sviđa mi se baš toliko.

nicht gefällt mir sich gerade so viel

So sehr gefällt es mir nicht gerade.

Pa znate, mi nismo bogataši.

na wissen-Sie wir nicht-sind reiche Leute

Na wissen Sie, wir sind keine reichen Leute.

Emphatischer Dativ Nett ist, wenn man den Dativ von Sie **(vam)** und von ich **(mi)** oder wir **(nam)** einstreuen kann. Das ist der sogenannte „Emphatische Dativ". Er ist so etwas wie ein verbaler Klaps auf die Schulter und signalisiert, dass man sich mit den Verkäufern ganz vertrauensvoll einlassen will.

Koliko vam košta to?

wie viel Ihnen kostet das

Wie viel kostet das denn so?

Što (vam) košta...?	**Pošto (vam) je ...?**
was (Ihnen) kostet	*zu-was (Ihnen) ist*

Was kostet (denn so) ...?

Nemam toliko novca!

nicht-habe so viel Geldes

So viel Geld hab' ich nicht.

Ah, to mi je skupo.

ach das mir ist teuer

Ach, das ist mir zu teuer.

Ja bi vam najviše dao/dala.

ich würd' Ihnen am-meisten gegebener/gegebene (m/w)

Ich würde Ihnen höchstens ... geben.

Pa, nije baš svježe!

dann nicht-ist gerade frisch

Frisch ist es nicht gerade.

Dobro, hajde!

gut los

Na, gut!

---

kleiner Einkaufszettel

Treba mi ... (Ez)   **Trebaju mi ...** (Mz)

braucht mir ...   *brauchen mir ...*

       Ich brauche ...

namirnice (Mz)/hrana	Lebensmittel
kruh	Brot
meso	Fleisch
kobasica	Dauerwurst, Salami
šunka	Schinken
slanina	Speck
riba	Fisch
mlijeko	Milch
sir	Käse, auch Quark usw.
putar/maslac	Butter
kiselo mlijeko	Joghurt, Dickmilch
jaja (Mz)	Eier
povrće	Gemüse
voće	Obst

kolač	Kuchen
keks	Keks
džem, marmelada	Marmelade, Konfitüre
sladoled	Eis

začini (Mz)	Gewürze
sol	Salz
biber, papar	Pfeffer
šećer	Zucker

Es gibt viele private Weinkeller, auf Schilder achten!

pića (Mz)	Getränke
vino	Wein
pivo	Bier
rakija	Schnaps
kisela voda	Mineralwasser
sok, džus	Saft
(mljevena) kava	(gemahlener) Kaffee
čaj	Tee

kozmetika	Kosmetik
sapun	Seife
šampon	Shampoo
pasta za zube	Zahnpasta
četkica za zube	Zahnbürste
(ženski) ulošci (Mz)	Damenbinden
papirnati rupčići (Mz)	Taschentücher
klozet-papir	Klopapier
prašak	Pulver
... za veš/rublje	Waschpulver
sredstvo	Mittel
... za pranje suđa	Spülmittel

na trafici	am Kiosk
papir	Papier
... za pisma	Briefpapier
razglednica	Postkarte
marka	Briefmarke
... za Njemačku	... nach Deutschland
olovka	Stift
kemijska olovka	Kuli
duhan	Tabak
paklić cigareta	Schachtel Zigaretten
šibice (Mz)	Streichhölzer
upaljač	Feuerzeug
(njemačke) novine (Mz)	(deutsche) Zeitung

Einheiten und Verpackungen

Bei der Angabe für 1 (Stück, kg) wird oft die
Zahl **jedan, jedna, jedno** weggelassen:

Paklić cigareta, molim.
Päckchen der Zigaretten bitte (2. Fall)
Ein Päckchen Zigaretten, bitte.

Dajte mi ... (+ 4. Fall)	Geben Sie mir ein/e ...	
litru	Liter	
kilu	Kilo	
dvjesto grama	200 Gramm	
komad	Stück	
paklić	Päckchen	
kutiju	Schachtel	*von* kutija
konzervu	Dose	*von* konzerva
staklenku	Einmachglas	*von* staklenka
bocu / flašu	Flasche	*von* boca/flaša

Achtung, die **Endziffern** beachten:
2 bis 4: 2. Fall Einzahl,
5 bis 0: 2. Fall Mehrzahl.

dva/pet	komada, pakla
dvije	kutije, konzerve, flaše, boce, litre, kile
pet	kutija, flaša, boca

Ausnahme: pet konzervi

Eine Packung gilt auch als Mengenangabe, daher:

dvije boce vina (**boce**: 2. Fall, **vina**: 2. Fall)
zwei der Flasche des Weines
zwei Flaschen Wein

Und eine letzte Spezialität: viele Flaschen kosten **kaucija** (Pfand, irre viel, fast halber Preis), und das ist vernünftig. Man kann sie nur in dem Geschäft wieder abgeben, wo man sie (laut **blok** Bon) gekauft hat, das wiederum ist unpraktisch.

Das liebe Geld

Die kroatische Währung heißt **kuna**. Während viele **usluge** (Dienstleistungen), also etwa **prijevoz** (Transport), **smještaj** (Unterkunft), im Verhältnis zu Westeuropa billig sind, kostet **roba** (Ware, Verbrauchsartikel) genauso viel wie „bei uns", ist also für die Bevölkerung extrem teuer.

Überhaupt sind die wirtschaftlichen Probleme immens. Da sind einmal die noch verbliebenen Kriegsschäden, Hunderttausende von Flüchtlingen, die teilweise noch zerschnittenen Transportwege. Viele meinen aber auch, dass der Wechsel zur Marktwirtschaft mit **privatizacija** (Privatisierung) und **nezaposlenost** (Arbeitslosigkeit) unglücklich oder sogar falsch angepackt wurde. **Vidjet ćemo!**   *„Wir werden sehen!"*

Jedenfalls hoffen alle sehr, dass endlich wieder regelmäßig Gäste ins Land kommen und fragen:

 Gdje mogu mijenjati valutu?
wo kann wechseln Devisen
Wo kann ich Devisen wechseln?

 U mjenjačnici.
in Wechselstube
In der Wechselstube.

Gdje mogu platiti?
wo kann zahlen
Wo kann ich zahlen?

Gdje je kasa/blagajna?
wo ist Kasse
Wo ist die Kasse?

Koliko trebam platiti?
wie viel brauche zahlen
Was muss ich zahlen?

Što sam vam dužan/dužna?
was bin Ihnen schuldige/r
Was bin ich Ihnen schuldig?

Nochmal:
je nach Endziffer –
verschiedene Fälle: Für **kuna** (weiblich) heißt das:

1. Fall Einzahl	1	**jedna/dvadesetjedna**	**kuna**
2. Fall Einzahl	2 - 4	**dvije/tridesetdvije**	**kune**
2. Fall Mehrzahl	5 - 0	**pet/sezdesetpet**	**kuna**

Für **dolar** oder **euro** (männlich) heißt das:

1. Fall Einzahl	1	**jedan/dvadesetjedan**	**dolar**
2. Fall Einzahl	2 - 4	**dva/tridesetdva**	**dolara**
2. Fall Mehrzahl	5 - 0	**pet/sezdesetpet**	**dolara**

Nemam sitno.
nicht-habe winzig
Ich habe es nicht klein.

Mit dem **ostatak/kusur** (Restgeld) hält man es aus alter Gewohnheit nicht so genau. Nur die Ruhe, es wird ebenso oft auf- wie abgerundet. Insgesamt bleibt es bei + /- 0. Wenn es jemandem dennoch zu bunt wird:

Zar ne dobijam ostatak/kusur?
etwa nicht bekomme Restgeld
Bekomme ich denn nichts 'raus?

dobiti *vo.*/
dobijati *uv.*
„bekommen"

Plaćam u gotovu (6. Fall)   Ich zahle bar.
... u kunama. (6. Fall)   ... in Kuna.
... u dolarima. (6. Fall)   ... in Dollar.

na banka – auf der Bank

Geldautomat	**bankomat**
Kreditkarte	**kreditna kartica**
Geheimzahl	**tajni broj**

🕭 **Gdje je najbliži bankomat?**
wo ist nächster Geldautomat
Wo ist der nächste Geldautomat?

🕭 **Moja kartica ne funkcionira.**
meine Karte nicht funktioniert
Meine Karte funktioniert nicht.

🕭 **Bankomat je zadržao moju karticu.**
Geldautomat hat einbehalten meine Karte
Der Geldautomat hat meine Karte einbehalten.

Büros, Ämter & Bürokratie

Es hat sich auch nach dem Fall des alten Systems nichts daran geändert: Kroatien hat das bürokratische Erbe seiner Vorgänger übernommen.

Nein, auch ich bin kein Freund von Eile, aber wie die meisten Kroaten glaube ich (insgeheim fluchend), dass etwas Zuvorkommenheit und Höflichkeit dem Alltag einige Ecken und Kanten nehmen.

Die Kroaten haben ihre liebe Mühe damit, auf ordnungsgemäßem Wege ihre Angelegenheiten zu regeln. Da bleibt oft genug nur **preko veze** – mit Vitamin B (Beziehungen): in allen Ämtern, aber oft sogar in Banken, Postämtern, Versicherungen, bei Ärzten, ja in einfachen Geschäften.

Zum Glück kommt der Reisende nicht allzu häufig damit in Kontakt. Und wenn, dann gibt es 1. **strpljenje** (Geduld), 2. **uljudnost** (Höflichkeit) und 3. **odlučnost** (Entschiedenheit). Also Lächeln aufsetzen, und immer recht freundlich:

Oprostite, ...   Entschuldigen Sie, ... 🐍

... da li bi mi, molim vas, dali/rekli ...
... ob „?" würd' mir, bitte Sie, gegebene/gesagte ...
... ob Sie mir bitte geben/sagen würden ...

... budite tako ljubazni i pokažite mi ...
... seien-Sie so freundlich und zeigen-Sie mir ...
... seien Sie so gut und zeigen Sie mir ...

Und nicht vergessen:

... molim.	... bitte.
... molim vas.	... ich bitte Sie.
Hvala najljepše!	Allerherzlichsten Dank!

Das wirkt wahre Wunder! Manchmal weiß ich nicht, wer erstaunter ist: die Verkäufer und Beamten über ein freundliches Lächeln oder ich über ihre folgende ungläubige, ja kopfschüttelnde Dienstfertigkeit.

formulari – Formulare

Das kann schon **na granici** (an der Grenze) anfangen.

Zeleni karton?	Grüne Versicherungskarte?
Zaboravili ste?	Haben Sie vergessen?
A morate ga imati!	Die müssen Sie aber haben!

Also ab ins **osiguranje** (Versicherungsbüro) direkt neben der Wechselstube.

ime	**prezime**
Name	*Zuname*
Vorname!	Familienname!!

In Kroatien heißen die Leute noch **Kata, Ljubica, Tomislav, Miloš**. Dafür wird der Zuname vorgesetzt (ohne Komma), und man wird wie in der Armee aufgerufen: **Marković Gordana!** Weil das vielen Kroaten in Fleisch und Blut übergegangen ist, stehen sie in deutschen Telefonbüchern oft falschrum, unter ihrem Vornamen. Man kann ja mal unter **Ivo, Branko, Jozo** nachschauen!

Die Familiennamen auf **-ić** und **-ović** bedeuten natürlich etwas. **-ov** ist der Besitzer-Zusatz: **Petar – Petrov (sin)** bedeutet Peters (Sohn = „Petersson, Peterson"). So heißen die Russen und Bulgaren.

Die Kroaten sind niedlicher: **-ić** heißt nämlich „-chen" oder „-lein": **Petrov-ić** „Peters-(söhn)lein". Weiter im Text:

z. B. Boris Josipa Tomić	

otac, ime oca	Vater, Vaters Vorname, im 2. Fall
rođen, -a, Abk. **rođ.**	geboren: Geburtsdatum und -ort
dan rođenja	Geburtsdatum
mjesto rođenja	Geburtsort
prebivalište i adresa	Wohnort und Adresse
... u Hrvatskoj/RH	... in Kroatien
broj, br.	Nummer, Nr.
putovnica br.	Pass Nr.

heißt auch:
„Mädchenname"

Želim prijaviti štetu/se prijaviti!
möchte anmelden Schaden/sich anmelden
Ich möchte einen Schaden anzeigen/mich anmelden!

Ukrali su mi fotoaparat iz auta/sobe.
gestohlene sind mir Fotoapparat aus Auto/Zimmer
Man hat mir meinen Fotoapparat aus dem Auto/Zimmer gestohlen.

🔊 **Onda morate na policijsku postaju/policiju.**
dann müssen auf polizeiliche Station/Polizei
Dann müssen Sie auf die Polizeiwache/
zur Polizei.

Post

Auf den meisten Postämtern gibt es für
alles besondere **šalter**. Die Aufschriften geben
Auskunft.

na posti – auf der Post

🔊 **Koji je šalter za …**
welcher ist Schalter für
Was ist der Schalter für …

… **poštansku štedionicu?**	… Postsparkasse?
… **marke?**	… Briefmarken?
… **telefon?**	… Fernsprecher?
… **telegrame?**	… Telegramme?

🔊 **Dvije marke za razglednice/pisma za Ameriku.**
Zwei Marken für Ansichtskarten/Briefe nach Amerika.

🔊 **Želim poslati telegram za Dansku.**
möchte schicken Telegramm nach Dänemark
Ich möchte ein Telegramm nach Dänemark schicken.

Telefon & Internet

Hier sind die Grenzen des Kauderwelschlers langsam erreicht. Hände, Füße und der Zeigefinger sind schachmatt. Am besten verabredet man sich direkt.

ein Telefongespräch

Alo? (Kein Name!)

Alo, dobar dan. Da li je to kod familije Kovač?
Hallo guten Tag ob „?" ist das bei Familie Kovac
Hallo, guten Tag. Ist das bei Familie Kovac?

Da, tko je to? Koga želite?
ja wer ist das wen wünschen
Ja, wer ist da? Wen wünschen Sie?

Ovdje Klaus/Bärbel.
hier Klaus/Bärbel
Hier spricht Klaus/Bärbel.

Mogu li razgovarati sa Sanjom?
ob „?" kann unterhalten mit Sanja
Kann ich bitte Sanja sprechen?

Sanja nije kod kuće, žao mi je.
Sanja nicht-ist bei-Hause leid mir ist
Sanja ist nicht zu Hause, tut mir leid.

A kada će se vratiti? Da li znate?
und wann wird sich zurückgeben ob „?" wissen
Und wann wird sie zurückkommen? Wissen sie das?

Ne znam točno. Nazovite poslije, još jedanput.
nicht weiß genau anrufen-Sie nachher noch einmal
Weiß nicht genau. Rufen sie später noch 'mal an!

Dobro, hvala, doviđenja.
gut danke auf-Wiedersehen
Gut, danke, wiederhören.

Nešto poslije ...
Etwas später ...

Da?

Alo! ovdje opet Klaus/Bärbel.
Hallo hier wieder Klaus/Bärbel
Hallo! Hier ist wieder Klaus/Bärbel.

Da li je Sanja kod kuće?
ob „?" ist Sanja bei Haus
Ist Sanja zu Hause?

Jest. Samo trenutak/moment!
ist-sie nur Augenblick/Moment
Ja! Nur einen Augenblick/Moment!

Alo, da?

Alo, Sanja? Ovdje Klaus/Bärbel.
Hallo Sanja hier Klaus/Bärbel.
Hallo, Sanja? Hier ist Klaus/Bärbel.

Ćao Klaus/Bärbel.
Hallo Klaus/Bärbel!

Znaš, ne govorim dobro hrvatski preko telefona.
weißt nicht spreche gut Kroatisch über Telefons
Weißt du, ich spreche nicht gut Kroatisch per Telefon.

Hajdemo se odmah dogovoriti.
los-wir sich sofort verabreden
Lass uns uns sofort verabreden!

Naći ćemo se u pola osam ispred kina.
finden werden sich um halb acht vor des Kinos
Wir treffen uns um halb acht vor dem Kino.

U redu?
In Ordnung?

Okej, dogovoreno!
O.K. verabredet
O.K., abgemacht!

Also: der Angerufene meldet sich nicht mit seinem Namen, erwartet aber vom Anrufer, dass der zuallererst fragt, ob er denn mit so-undso verbunden sei. Wenn man sich zuerst vorstellt (die Leitung krächzt):

(krrc) **Ovdje** *(krckrrc)* **Majer!**, bekommt man zu hören:

Ne, ovdje ne živi nikakav Majer.
nein hier nicht lebt keinerlei Meier
Nein, hier wohnt kein Meier!

Tras!!
Peng!!

Inzwischen auch in Kroatien unerlässlich:

mobitel	Mobiltelefon, Handy
prijem/veza	Empfang/Verbindung

Internet

Mittlerweile gibt es in jeder größeren Stadt Internetcafes.

Internet	**internet**
E-Mail	**elektronska pošta, e-mail**
Rechner/Computer	**kučište/kompjuter**

Ima li ovdje kompjuter?
gibt hier Computer
Gibt es hier einen Rechnerzugang?

Mogu li dobiti pristup na internet?
kann bekommen Zugang auf Internet
Kann ich hier ins Internet gehen?

Mogu li poslati e-mail/poruku?
kann verschicken E-Mail/Nachricht
Kann ich eine E-Mail/Nachricht verschicken?

Ärzte findet man in Kroatien in **zdravlja** (Gesundheitszentrum), einer **pol** (Poliklinik), wo alle Ärzte in ihre **ord** (Praxis) Dienst tun. Seit einigen Jahren gibt es auch Privatpraxen, aber als erste Anlaufstelle sollten die Ambulanzen dienen, schon um die Abrechnung mit den deutschen Krankenkassen zu gewährleisten.

Wenn das Wartezimmer ziemlich voll ist und es wirklich böse aussieht, kann man ruhig drängeln.

🔊 **Molim vas, hitni slučaj!**
bitte Sie dringender Fall
Bitte, ein Notfall!

🔊 **Što vam je/nedostaje?**
was Ihnen ist/fehlt
Was haben Sie?

🔊 **Muka mi je.**
Übelkeit mir ist
Mir ist übel.

Osjećam se bolestan/bolesna.
fühle sich kranker/kranke (m/w)
Ich fühle mich krank.

Imam ...	Ich habe ...
... prehladu.	... eine Erkältung.
... gripu.	... eine Grippe.
... temperaturu.	... Fieber.
... proljev.	... Durchfall.
... vrtoglavicu.	... Schwindelanfälle.
... alergiju.	... eine Allergie.
... sunčanicu.	... einen Sonnenstich.
... ubod insekta.	... einen Insektenstich.

Mislim da sam si nešto polomio/polomila.

denke dass bin sich etwas gebrochener/gebrochene

Ich glaube, ich habe mir etwas gebrochen.

Ovdje sam se ozlijedio/ozlijedila!

hier bin sich verletzter/verletzte

Ich habe mich hier verletzt.

To me (strašno) boli.

da mich (furchtbar) schmerzt

Da tut es (furchtbar) weh.

Jao, jao!

Au, au!

Boli me ...	Mir tut ... weh.
... glava.	der Kopf
... oko.	das Auge
... uho.	das Ohr
... nos.	die Nase
... zub.	ein Zahn
... vrat.	der Hals/Nacken
... grlo.	der Hals (innen)

... srce.	das Herz
... trbuh.	der Bauch
... želudac.	der Magen
... rame.	die Schulter
... ruka.	der Arm/die Hand
... lakat.	der Ellenbogen
... prst.	der Finger/Zeh
... noga.	das Bein/der Fuß
... koljeno.	das Knie

Bole me ...	Mir tut/tun ... weh.
... prsa.	die Brust
... grudi.	die Brüste
... pluća.	die Lunge
... bronhije.	die Bronchien
... oči.	die Augen
... uši.	die Ohren
... spolni organi.	die Geschlechtsorgane
... mišići.	die Muskeln

Nije ništa ozbiljno.
nicht-ist nichts Ernstes
Es ist nichts Ernstes.

Morate odmah u bolnicu.
müssen sofort ins Krankenhaus
Sie müssen sofort ins Krankenhaus.

Treba mi lijek/medikament protiv kašlja. (2. Fall)
braucht mir Arznei/Medikament gegen des Hustens
Ich brauche ein Medikament gegen Husten.

Schimpfen & Fluchen

Die hier aufgeführten Ausdrücke sind ausschließlich zum passiven Gebrauch. Bleiben Sie in jedem Fall oberhalb der Gürtellinie!

Das Kroatische hat nicht nur viele Flüche, sie werden auch im Alltag eingesetzt – ausgiebiger und von mehr Leuten als anderswo. Den bevorzugten Gegenstandsbereich ersieht man aus diesem Basiswortschatz (Fäkalien etc. klingen eher lächerlich):

jebati - jebem	ficken
pička, pizda	Fotze, Möse
kurac	Schwanz
kurva	Nutte

Kombinationen davon können alles mögliche bedeuten, je nach Zusammenhang: z. B.

Jebo te!
es möge dich ficken
Echt, ey! (als Füllsel) voll, echt, irgendwie

Kurac!
Schwanz
Von wegen! Kacke!

Jebi ga!
fick es
Mist! Scheiße!

Pizda jedna!
Fotze eine
Feigling! Drückeberger!
Korinthenkacker! Geizhals!

Puši kurac! Jebi se!
rauch Schwanz fick dich
Leck mich am Arsch!

Pička ti materina!
Fotze dir Mutters
Du Arschloch!

Idi u pičku materinu!
geh in Fotze Mutters
Hau ab, du Arsch!

Das Verständnis der Schimpfwörter erleichtert es gewiss, so manche Situation besser zu erkennen und zu meistern. Aber ich rate dringend von ihrem aktiven Einsatz ab! Man sagt besser:

Ne psuj preda mnom!
nicht fluch vor mir
Fluch mich nicht an!

Wer sich weiter mit der Sprache befassen möchte, sollte sich im Lande mit Sprachbüchern eindecken.

Literaturhinweise

Wer sich noch eingehender mit der kroatischen Sprache vertraut machen möchte, dem empfehle ich:

Jasna Barešić: Dobro došli

Die hier genannten Bücher sind nicht über den Reise Know-How Verlag zu beziehen. Bitte wenden Sie sich an Ihre Buchhandlung!
Zagreb 1995 (in Kroatien erhältlich)
(2 Teilbände: Lehrbuch und Grammatik. Mit Kassetten zum Üben!)

Tomo Matasić: Dobar Dan

Max Hueber Verlag, Ismaning 1985
(2 Teilbände: Lehrbuch und Wortschatz/ Anhang. Mit Kassetten zum Üben!)

Langenscheidts Universal-Wörterbuch Kroatisch

Langenscheidt-Verlag, München 2001
(Es spart Geld und reicht meist aus)

Recht schnell wirklich nützliches Kroatisch lesen und verstehen kann man in Comics. Bekannte Titel findet man im Lande an jedem Kiosk.

Kroatien

Wer in Kroatien unterwegs ist, sollte auf die fundierten Reiseführer von **REISE KNOW-HOW** nicht verzichten:

Werner Lips

Istrien, Kvarner Bucht
Urlaubshandbuch
384 Seiten, ca 100 Fotos,
Ortspläne und Karten,
Register, Griffmarken
ISBN 3-8317-1179-8
€ 14,90 [D]

Werner Lips

Dalmatien & seine Inseln
Urlaubshandbuch
384 Seiten, 100 Fotos,
Ortspläne und Karten,
Register, Griffmarken
ISBN 3-8317-1160-7
€ 14,90 [D]

Wilfried Krusekopf

Küstensegeln
160 Seiten, viele nützliche Tipps,
Register, Griffmarken
ISBN 3-89416-766-1
€ 8,90 [D]

Outdoor-Praxis

Alles über Leben und Überleben in der Wildnis zu jeder Jahreszeit

Das Handbuch für jeden, der sich in die Wildnis wagt.

• *Ausrüstung:* das komplette Equipment von Bekleidung über Rucksack, Schlafsack und Zelt bis zur Kochausrüstung und sonstigem Zubehör. Tabellen geben einen raschen Überblick, was für welchen Zweck geeignet ist. Detaillierte Checklisten fürs Packen fehlen nicht. • *Proviant:* Nahrungsbedarf, Grundnahrungsmittel für Outdoorzwecke, Herstellung von Trockennahrung und Energierationen, detaillierte Proviantliste. • *Leben in der Wildnis:* Flußdurchquerung, Floßbau, Wintertips, Orientierung, Wetter, Camp einrichten, Wintercamping, Knotenkunde, Feuermachen bis hin zum Kochen und Brotbacken, mit vielen Rezepten. • *Gefahren*: Unterkühlung, Erfrierungen, Lawinengefahr, Schneeblindheit, Höhenkrankheit, Blitzschlag und richtiges Verhalten in Bärengebieten. • *Survival:* Verirrt, Feuer, Wetterschutz, Wasser, Nahrung aus der Natur und Notsignale.

Rainer Höh: *Outdoor-Praxis,* 408 Seiten, über 200 erklärende Zeichnungen und viele Fotos, Fadenheftung.

€ 17,50

Reise Know-How Verlag , Bielefeld

Wörterlisten

Fast alle Wörter aus dem Text finden Sie hier wieder. So enthält die Liste über 1000 der gebräuchlichsten Wörter.

Mehrfachbedeutungen sind durch ein Semikolon abgetrennt, Synonyme nur durch Kommas. In Klammern stehen wichtige Hinweise zur Bedeutung, außerdem Geschlecht und Zahl bei den unregelmäßigen Hauptwörtern, die man kennen sollte.

Bei den Eigenschaftswörtern sind stets die männliche Form sowie die Endungen der weiblichen und sächlichen (**-a, -o** oder **-a, -e**) angeführt. Wenn die übrigen Formen sich durch mehr als den letzten Laut vor der männlichen unterscheiden, ist die weibliche als Grundform noch mal angeführt: **topao, topla, -o** = **topao, topla, toplo**. Aus Platzgründen musste oft abgekürzt werden, dann ist von zwei verschiedenen Formen die zweite mit dem letzten gemeinsamen Buchstaben und neuer Endung aufgeführt: **aktuelan, -lna, -o** bedeutet also **aktuelan, aktuelna, aktuelno**.

Für viele Hauptwörter (Personenbezeichnung) gilt dasselbe: **gazdam -rica** = **gazda, gazdarica, Austrijanac, -nka** = **Austrijanac, Austrijanka**.

Die Verben sind meistens in der unvollendeten und in der vollendeten Form vertreten. Außerdem sind immer die beiden Stammformen angegeben.

Internationale Wörter, die Sie hier vermissen (Telefon, modern), können Sie direkt aus dem Deutschen übertragen:
telefon, moderno.

Abkürzungen:
m = männlich,
w = weiblich,
Mz = Mehrzahl

Abkürzung:
uv. und vo.

A

Abend večę(r)
Abendessen večera
abends uvečę(r)
aber ali
Abfahrt odlazak
Abschied oproštaj
abschleppen
šlepati-šlepam,
odšlepati-odšlepam (vo.)
Abteil kupe (m)
Adresse adresa
Adria Jadran
ähnlich sličan, slična, -o
aktuell aktualan, -lna, -o
alle svi, sve, sva
alles sve
als (Vergleich) nego
als, wenn (zeitl.) kada
alt star, -a, -o

am (zeitl.) u
an, auf (örtl. u. Richt.)
na
andere, -r, -s
drugi, -a, -o
anders drugačije,
drukčije
anfangen
početi-počnem (vo.),
počinjati-počinjem
angenehm
prijatan, -tna, -o
Angestellte, -r
namještenik, -nica
Angst strah
ankommen
stići-stignem (vo.),
stizati-stižem
Ankunft dolazak
Anlegestelle
pristanište
anmelden
prijaviti-prijavim (vo.),
prijavljivati-prijavljujem
annehmen
primati-primam,
primiti-primim (vo.)
Anruf poziv
anrufen
pozvati-pozovem (vo.)
Ansichtskarte
razglednica
Antwort odgovor
antworten
odgovarati-odgovaram,
odgovoriti-odgovorim
(vo.)
anziehen (Kleidung)
oblačiti-oblačim,
obući-obučem (vo.)

Apotheke apoteka,
ljekarna
Arbeit rad
Arbeit, Tätigkeit
posao (m)
arbeiten raditi-radim
Arbeiter, -in radnik, -nica
ärgern, sich
ljutiti se-ljutim se
arm siromašan, -šna, -o
Arznei lijek
Arzt liječnik, doktor
Ärztin doktorica
Arztpraxis ordinacija
auch nicht ni, niti
auch, genauso isto
Aufenthaltsort
prebivalište
aufhören
prestajati-prestajem,
prestati-prestanem
(vo.)
aufmachen, öffnen
otvarati-otvaram,
otvoriti-otvorim (vo.)
Auge oko (Mz: oči)
aus (Richt.) iz
Ausgang izlaz
Ausländer, -in
stranac, strankinja
ausländisch stran, -a, -o
aussehen
izgledati-izgledam
außer osim
aussteigen sići-siđem
(vo.), silaziti-silazim
ausziehen (Kleidung)
skidati-skidam,
skinuti-skinem (vo.)
Autobahn autoput

B

Badeanzug
kupaći kostim
Badehose
kupaće gaće (Mz)
baden
kupati se-kupam se,
okupati se-okupam se
(vo.)
Badezimmer
kupaonica
Bahnhof kolodvor
bald skoro
Bank (Geld) banka
Bar; Buffet bife (m)
Bart brada
Bauch trbuh
bauen graditi-gradim
Bauer, Bäuerin
seljak, seljanka
Baum drvo
Beamte, -r
službenik, -nica
bedeuten značiti-znači
befinden, sich
nalaziti se-nalazim se
begreifen
shvaćati-shvaćam,
shvatiti-shvatim (vo.)
Begriff pojam
behalten
čuvati-čuvam,
sačuvati-sačuvam (vo.)
bei (örtl.) kod
Bein noga
bekannt poznat, -a, -o
bekommen
dobivati-dobivam,
dobiti-dobijem (vo.)

bemerken primijetiti-
primijetim (vo.),
primjećivati-
primjećujem
bemühen, sich
truditi se-trudim se
benehmen, sich
ponašati se-ponašam se
benutzen
koristiti-koristim
Berg brdo
Beruf zanimanje
beschäftigen
zanimati-zanimam
beschäftigt besetzt
zauzet, -a, -o
Besitzer vlasnik
besondere, -r, -s
poseban, -bna, -o
besser bolji, -a, -e
bestellen
naručiti-naručim (vo.),
naručivati-naručujem
Besuch posjet
besuchen
posjetiti-posjetim (vo.)
betrunken
pijan, -a, -o
Bett krevet
Bettzeug posteljina
bevor prije nego
bewegen, sich
kretati se-krećem se
Bewegung
pokret
Bier pivo
Bild slika
bis do
bitten moliti-molim
Blatt list

bleiben
ostajati-ostajem,
ostati-ostanem (vo.)
bleifrei bez olova
Blume cvijet
(Mz: cvijeće)
Blut krv (w)
Boden pod
Boot čamac
Brauch običaj
brauchen
trebati-trebam
brechen lomiti-lomim,
polomiti-polomim (vo.)
breit širok, -a, -o
Brief pismo
Brille naočari (Mz)
Brot kruh
Bruder brat
(Mz: braća)
Brust prsa (s. Mz.)
Buch knjiga
Buchstabe slovo
bunt šaren, -a, -o
Bürger, -in
građanin, građanka
Büro biro
Bus autobus
Busen grudi (w Mz)
Butter maslac, putar

C

Cafe (schick)
kafić
Cafe, Kneipe
kavana
Computer, Rechner
kompjuter, kučište

 **Deutsch – Kroatisch**

D

da tu
da! eno!, eto!, evo!
dahin tamo
Damenbinde
  ženski uložak
Danke hvala
dann onda, tada
darum zato
dass, um zu da
dauern trajati-trajem
dein tvoj -a, -e
denken misliti-mislim
der See jezero
deutsch njemački, -a, -o
Deutsche Njemica
Deutscher Nijemac
Deutschland
  Njemačka
dick debeo, debela, -o
die Verwandte rođaka
Dieb lopov
diese, -r, -s ovaj, ova,
  ovo; taj, ta, to
Doktor doktor
Dorf selo
dort ondje
dort, dorthin tamo
draußen vani
drinnen unutra
du ti
dumm; doof glup, -a, -o
dunkel
  taman, tamna, -o
dünn tanak, tanka, -o
durch kroz
Durchfall proljev
dürfen
  smjeti-smijem

durstig
  žedan, žedna, -o
Dusche tuš
duschen
  tuširati se-tuširam se

E

echt prav, -a, -o
Ecke ugao (m)
Ehe brak
Ehefrau žena
Ehemann muž
ehrlich pošten, -a, -o
Ei jaje
eigene,-r,-s svoj, -a, -e
eigentlich u stvari
eilig hitan, hitna, -o
ein paar, das Paar par
einander jedno drugo
einfach lak, -a, -o
Eingang ulaz
einheimisch
  domaći -a, -e
einige nekoliko
Einkauf kupovina
einladen
  pozvati-pozovem (vo.),
  zvati-zovem
Einladung poziv
einmal
  jedanput, jednom
einverstanden sein
  slagati se-slažem se
Eis (Speiseeis)
  sladoled
Eis (Wassereis) led
Eisenbahn željeznica
Eltern roditelji (Mz)

E-Mail e-mail,
  elektronska pošta
empfehlen
  preporučiti-
  preporučim (vo.),
  preporučivati-
  preporučujem
Ende kraj
eng, schmal
  uzak, uska, -o
England Engleska
Entfernung daljina
entschuldigen
  oprostiti-opraštati,
  opraštam-oprostim
  (vo.)
er on
Erde zemlja
Erfolg uspjeh
Erholung odmor
erinnern, sich
  sjećati se-sjećam se,
  sjetiti se-sjetim se
  (vo.)
Erkältung prehlada
erlaubt
  dopušten, -a, -o
ernst, ernsthaft
  ozbiljan, -ljna, -o
Ersatzteile
  rezervni dijelovi
erste, -r, -s prvi, -a, -o
erwachsen
  rdrastao, -sla, -o
Erwachsene(r)
  rdrastao, -sla
erzählen pričati-pričam
es ono
es regnet pada kiša
es schneit pada snijeg

essen jesti-jedem,
  pojesti-pojedem (vo.)
Essig ocat
Etage kat
etwa, denn (in Fragen)
  zar
etwas nešto
euer vaš, -a, -e
existieren
  postojati-postojim

F

Fähre trajekt
fahren, lenken
  voziti-vozim
fahren, s. fortbewegen
  ići-idem
Fahrer vozač
Fahrrad bicikl
Fahrt vožnja
fallen
  padati-padam
falsch
  pogrešan, -šna, -o
Familie
  familija, obitelj (w)
Farbe boja, farba
faul lijen, -a, -o
fehlen faliti-falim
Fehler greška
Feier proslava
Feiertag
  praznik, blagdan
feilschen
  cjenjkati se-cjenjkam se
Feld polje
Fenster prozor
Ferien ferije (Mz)

Fernsehen, Fernseher
  televizija, televizor
fertig gotov -a, -o
fest čvrst, -ε, -o
Fete fešta, žurka
fett mastan, masna, -o
Feuer vatra
Feuerzeug upaljač
Fieber temperatura
finden naći-nađem
  (vo.), nalazi-i-nalazim
Finger prst
Fisch riba
flach plitak, plitka, -o
Flasche boca, flaša
Fleisch meso
fliegen letjeti-letim
fluchen
  psovati-psujem
Flughafen aerodrom
Flugzeug avion
Fluss rijeka
Frage pitanje
fragen pitati-pitam
Frankreich Francuska
Frau žena
Frau (Anrede) gospođa
Fräulein gospođica
frei slobodan, -dna, -ο
Freiheit sloboda
fremd tuđ, -a, -e
freuen, sich
  obradovati se-
  obradujem se (vo.),
  radovati se-radujem se
Freund, -in
  drug, -arica;
  prijatelj, -ica
Freund, Partner
  dječak, dječko, momak

Freundin, Partnerin
  cura, djevojka
freundlich
  ljubazan, -zna, -o
Frieden mir
friedlich
  miran, mirna, -o
frisch svjež, -a, -e
früh rano
Frühling proljeće
Frühstück doručak
führen. voditi-vodim
Führerschein
  vozačka dozvola
funktionieren
  funkcionirati-
  funkcioniram
für za
Fuß noga

G

Gabel hrunka, vilica
ganze, -r, -s cijeli, -a, -o;
  sav, sva, svo
Garten bašta, vrt
Gast gost
Gastfreundschaft
  gostoprimstvo
Gastgeber domaćin
Gastgeberin domaćica
Gaststätte gostionica
Gebäck pecivo
Gebäude zgrada
geben
  dati-dam (vo.),
  davati-dajem
Gebirge planina
geboren rođen, -a, -o

geboren werden
 roditi se-rodim se
Gebühr taksa
Geburt rođenje
Geburtstag rođendan
Gefahr opasnost (w)
gefährlich
 opasan, opasna, -o
gefallen
 sviđati se-sviđam se
gegen protiv
Geheimzahl, PIN
 tajni broj
gehen ići-idem
Geld novac, pare (Mz)
Geldautomat bankomat
Geliebter, Geliebte
 ljubavnik, -nica
gelingen, klappen
 uspjeti-uspijem (vo.)
Gemeinde općina
Gemüse povrće
genau točan, točna, -o
genesen oporaviti se-
 oporavim se (vo.),
 oporavljati se-
 oporavljam se
genug dosta
geöffnet, offen
 otvoren, -a, -o
Gepäck prtljaga
Gepäckaufbewahrung
 garderoba
gerade prav, -a, -o
geradeaus pravo
gerne rado
Geschäft dućan
Geschenk poklon
Geschichte priča
Geschlecht spol

geschlossen, zu
 zatvoren, -a, -o
Geschmack okus
Geschwindigkeit
 brzina
Gesicht lice
Gespräch razgovor
gestern juče(r)
gesund zdrav, -a, -o
Gesundheit zdravlje
Getränk piće
Gewitter, Unwetter
 nevrijeme
Glas (Trink-) čaša
glauben
 vjerovati-vjerujem
Gleis kolosijek
Glück sreća
glücklich
 sretan, sretna, -o
Gold zlato
Gott Bog
gratulieren
 čestitati-čestitam
Grill roštilj
Grippe gripa
groß velik, -a, -o
größer veći, -a, -e
Großmutter, Oma
 baba, baka
Großvater, Opa djed
Grund, Ursache razlog
Gruß pozdrav
gut dobar, dobra, -o

H

Haar kosa
haben imati-imam

Hafen luka
halb pol, pola
Hälfte polovina
Hals (Kehle) grlo
halten držati-držim
Haltestelle postaja
Hand ruka
Handtuch ručnik
hart tvrd, -a, -o
häufig često (Adverb)
Haupt- glavni, -a, -o
Haus kuća
Hausfrau domaćica
Haut koža
heilen, behandeln
 izliječiti-izliječim (vo.),
 liječiti-liječim
Heim dom
heiraten vjenčavati se-
 vjenčavam se
heiraten (Frau)
 udavati se-udajem se
heiraten (Mann)
 ženiti se-ženim se
heiß vruć, -a, -e
heißen
 zvati se-zovem se
helfen
 pomagati-pomažem,
 pomoći-pomognem (vo.)
hell svijetao, -tla, -o
Hemd košulja
Herr gospodin
Herz srce
heute danas
hier ovdje
Hilfe pomoć (w)
Himmel nebo
hinten nazad, straga
hinter iza

hoch visok, -a, -o
Hochzeit svadba
Höflichkeit
  uljudnost(w)
Höhe visina
hohes Fieber groznica
Holz drvo
hören (lauschen)
  slušati-slušam
hören (vernehmen)
  čuti-čujem
Hose hlače (Mz)
Hotel hotel
hübsch
  zgodan, zgodna, -o
hungrig
  gladan, gladna, -o
husten
  kašljati-kašljem

I

ich ja
ihr vi
Ihr (beim Siezen)
  vaš, -a, -e
ihr (Mz) njihov, -a, -o
ihr (w) njezin, -a, -o
liebste, -r, -s
  mio, mila, -o
immer uvijek
in (örtl. u. Richt.) u
in (zeitl.) kroz
Insel otok
interessieren
  interesirati-interesiram
Internet
  internet
irgendwann nekada

irgendwie nekako
irgendwo negdje

J

ja da
Jacke jakna
Jahr godina
je, pro po
jede, -r, -s
  svaki, svaka, -o
jeder, jedermann
  svatko
jemand, irgendwer
  netko
jene, -r, -s
  onaj, ona, ono
jetzt sada
jung mlad, -a, -o
junge Frau djevojka
Junge, junger Mann
  dječak

K

Kaffee kava
kalt hladan, hladna, -o
kaputt pokvaren, -a, -o
Karte karta
Käse sir
Kasse blaga na
kaufen
  kupiti-kupim (vo.),
  kupovati-kupujem
Kaufhaus robna kuća
Kaufmann trgovac
keine, -r, -s
  nijedan, nijedna, -o

Kellner, -in
  konobar, -ica
kennenlernen
  upoznati-upoznam (vo.)
Kind dijete (Mz: djeca)
Kiosk trafika
Kirche crkva
klar jasan, jasna, -o
Kleid haljina
Kleidung odjeća
klein mali, mala, -o
kleiner manji, -a, -e
Klo klozet
klug pametan, -tna, -o
Kneipe konoba
Knoblauch bijeli luk
kommen
  doći-dođem (vo.),
  dolaziti-dolazim
Konditorei
  slastičarnica
können moći-mogu
Kopf glava
Körper tijelo
kosten (Geld)
  koštati-koštam
Kraft snaga
krank
  bolestan, -sna, -o
Krankenhaus bolnica
Krankheit bolest (w)
Kreditkarte
  kreditna kartica
Kreuzung
  raskrsnica
Kroatien Hrvatska
kroatisch
  hrvatski, -a, -o
Küche kuhinja
Kuchen kolač

Kugelschreiber
  kemijska olovka
Kühlschrank frižider
Kunst umjetnost (w)
Kurort toplice
kurz kratak, kratka, -o
kürzer kraće (Adverb)
Kuss poljubac
Küste obala

L

lachen
  smijati se-smijem se
Land zemlja
Landstraße cesta
lang dug, -a, -o
länger duže (Adverb)
langsam spor, -a, -o
langsam (Adverb)
  polako
langweilig
  dosadan, dosadna, -o
Larm galama
laufen trčati-trčim
laut glasan, -sna, -o
Leben život
leben živjeti-živim
Lebensmitte
  namirnice (Mz)
Leder koža
ledig (bei Frauen)
  neudata
ledig (bei Männern)
  neoženjen
leer prazan, prazna, -o
lehren; lernen
  naučiti-naučim (vo.)
Lehrer, -in učtelj, -ica

Lehrling učenik, -nica
leicht lak, -a, -o
leider nažalost
leise tih, -a, -o
leiser tiši -a, -e
letzte, -r, -s
  posljednji, -a, -e;
  zadnji, -a, -e
Leute ljudi (Mz)
lieb, nett drag, -a, -o
Liebe ljubav (w)
lieben, mögen
  voljeti-volim
Lied pjesma
liegen ležati-ležim
Liegeplatz ležaj
Liegewagen kušet
links; nach links lijevo
Liter litra
Löffel žlica
Lohn plaća
losgehen, -fahren
  krenuti-krenem (vo.),
  kretati-krećem,
  poći-pođem (vo.),
  polaziti-polazim
Luft zrak
Lunge pluća (Mz)
lustig
  smiješan, -šna, -o

M

machen, herstellen
  napraviti-napravim (vo.),
  praviti-pravim
machen, tun
  raditi-radim,
  uraditi-uradim (vo.)

Mädchen djevojčica
Magen želudac
mal; Mal put
manchmal ponekad
Mann muškarac
Mann, junger momak
männlich
  muški, -a, -o
Mark (DM); Marke
  marka
Markt, Markthalle
  tržnica
Meer more
mehr više
mein moj, -a, -e
meinen misliti-mislim
Meister majstor
Mensch čovjek
Messer nož
mieten
  iznajmiti-iznajmim (vo.),
  iznajmljivati-iznajmljujem
Milch mlijeko
Mineralwasser
  kisela voda
Minute minuta
mit s, sa (+ 7. Fall)
Mit wem s kim, s kime
**mitbringen, -nehmen
(Personen)**
  voditi-vodim,
  povesti-povedem (vo.)
**mitbringen, -nehmen
(Sachen)**
  nositi-nosim,
  ponjeti-ponesem (vo.)
Mittag podne
Mittagessen
  ručak
Mittel sredstvo

Mobiltelefon, Handy
  mobitel
möglich moguć, -a, -e
Möglichkeit
  mogućnost (w)
Monat; Mond mjesec
monatlich
  mjesečan, -čna, -o
Morgen jutro
morgen sutra
morgens ujutro
Motorrad motocikl
müde
  umoran, umorna, -o
Mund usta (Mz)
Musik muzika, glazba
Muskel mišić
Mutter mati, majka

N

nach (Richt.) u
nach (zeitl.); nachher
  poslije
nach Hause
  doma, kući
Nachbar susjed
Nachbarin susjeda
nachmittag, -s
  poslijepodne
Nachname, Zuname
  prezime
nächste, -r, -s
  sljedeći, -a, -e
Nacht noć (w)
nachts noću
nackt gol, gola, -o
Name ime
Nase nos

nass mokar, mokra, -o
Nationalität
  narodnost (w)
Natur priroda
neben pored, pokraj
nehmen
  uzeti-uzmem (vo.),
  uzimati-uz mam
nein, nicht ne
Nennonkel čiko
neu nov, -a, -a
nicht haben
  nemati-nemam
nichts ništa
nie nikada
niedrig nizak, niska, -o
niemand nitko
noch još
Norden sjever
Notarzt hitna pomoć
nötig, notwendig
  potreban, -bna, -o
Nummer broj
nur samo
nützlich
  koristan, -sna, -o

O

ob da li, dal'
oben gore
Oberleitungsbus
  trolejbus
Obst voće
obwohl iakc
oder ili
ohne bez
Ohr uho (Mz: uši)
Öl ulje

Ordnung red
Organ organ
Ort mjesto
Osten istok
Österreich
  Austrija
Österreicher, -in
  Austrijanac, -nka

P

packen
  pakovati-pakujem
Panne kvar
Papa tata (m)
Papier papir
parken
  parkirati-parkiram
Parkplatz
  parkiralište, parking
pauschal
  paušalan, -lna, -o
Pension pansion
Person osoba
Pfeffer biber, papar
Pflanze biljka
Plan plan
Platte pioča
Platz (i.d. Stadt) trg
Platz (Raum) mjesto
plötzlich iznenada
Po guza
Polizei policija
Post pošta
Preis cijena
probieren
  probati-probam
Problem problem
Produkt proizvod

R

Rad kotač
rauchen pušiti-pušim
Raucher pušač
Raum prostor
rausgehen
  izaći-izađem (vo.),
  izlaziti-izlazim
rechnen
  izračunati-izračunam
  (vo.), računati-računam
Rechnung račun
rechts; nach rechts
  desno
Regen kiša
reich bogat, -a, -o
Reicher bogataš
rein unutra
reingehen ući-uđem (vo.)
reinigen čistiti-čistim,
  očistiti-očistim (vo.)
Reis riža
Reise put
reisen putovati-putujem
Reisepass
  putovnica, pasoš
reparieren
  popraviti-popravim (vo.),
  popravljati-popravljam
Reservierung
  rezervacija
Restaurant restoran
richtig točan, točna, -o
Rind govedo
Rock suknja
Rücken leđa (Mz)
Rucksack ruksak
rufen zvati-zovem
Ruhe tišina

ruhig miran, mirna, -o
rund okrugao, okrgla, -o

S

Sache stvar (w)
Saft sok
sagen kazati-kažem,
  reći-reknem (vo.)
Salz sol (w)
salzig slan, -a, -o
Sand pijesak
satt sit, -a, -o
sauber čist, -a, -o
sauer kiseo, kisela, -o
Schaden šteta
schaffen (es)
  uspjeti-uspijem (vo.)
Schaffner kondukter
Schalter šalter
schauen, gucken
  gledati-gledam,
  pogledati-pogledam (vo.)
schicken, senden
  poslati-pošaljem (vo.),
  slati-šaljem
Schiff brod
schimpfen grditi-grdim
Schimpfwort psovka
Schlaf san
schlafen spavati-spavam
schlagen
  udarati-udaram,
  udariti-udarim (vo.)
Schlägerei tučnjava
schlecht loš, -a, -e
Schlüssel ključ
schmackhaft
  ukusan, ukusna, -o

schmecken
  prijati-prijam
Schmerz bol
Schmuck nakit
schmutzig prljav, -a, -o
Schnaps rakija
Schnee snijeg
schneiden
  rezati-režem
schnell brz, -a, -o
Schnurrbart brkovi (Mz)
schon već
schön lijep, -a, -o
Schrank ormar
schreiben
  napisati-napišem (vo.),
  pisati-pišem
schreien
  derati se-derem se
Schuh cipela
Schüler, -in učenik, -nica
schützen
  čuvati-čuvam,
  sačuvati-sačuvam (vo.)
schwach slab, -a, -o
Schwein svinja
Schweiz Svicarska
schwer; schwierig
  težak, teška, -o
Schwester sestra
Schwimmbad, -becken
  bazen
schwimmen
  plivati-plivam
Schwindelgefühl
  vrtoglavica
sehen vidjeti-vidim
sehr jako (Adverb),
  veoma, vrlo
Seil konopac

sein (besitzanzeigend)
njegov, -a, -o
sein (Verb) biti-sam
seit od
Seite strana
selbst sam, -a, -o
selten rijetko (Adverb)
Serbien Srbija
serbisch srpski, -a, -o
Service servis
sich se, sebe
sicher
siguran, sigurna, -o
Sie (höfl.) vi
sie (Mz) oni, one, ona
sie (w) ona
Silber srebro
singen pjevati-pjevam
sitzen sjedjeti-sjedim
so ein, -e takav, takva, -o
Sohn sin
sollen trebati-trebam
Sommer ljeto
Sonne sunce
Sonnenstich sunčanica
sonnig sunčan, -a, -o
soviel toliko
Sparkasse štedionica
Spaß u. Unterhaltung
zabava
spät kasno
Speise jelo
Speisekarte jelovnik
Spiegel ogledalo
Spiel igra
spielen
igrati (se)-igram (se)
Sport sport
sprechen, reden
govoriti-govorim

Spritze injekcija
Stadt grad
Stand (Verkaufs-)
štand
stark jak, -a, -o
stärker jač , -a, -e
Station postaja
stehen stajati-stojim
stehlen krasti-kradem
stellen, legen
staviti-stavim (vo.),
stavljati-stavljam
Stoff (Kleider-) štof
stören smetati-smetam
Strafe kazna, globa
Strand plaža
Straße ulica
Straßenbahn tramvaj
Streichholz šibica
Streit svađa
streiten, sich
svađati se-svađam se
Stück komad
Student, -in student, -ica
Stunde sat
suchen
potražiti-potražim (vo.)
Süden jug
Suppe juha
süß sladak, slatka, -o
Süßspeisen slastice

T

Tabak duhan
Tag dan
täglich
dnevan, dnevna, -o
tagsüber danju

Tal dolina
Tante teta, tetka
Tanz ples
tanzen plesati-plešem
Tasche torba
Tasse šalica
Taxifahrer taksist
Tee čaj
Teil dio (m) (Mz.:dijelovi)
Teller tanjur
teuer skup, -a, -o
Theater teatar, kazalište
tief dubok, -a. -o
Tiefe dubina
Tier životinja
Tisch stol
Tochter kćerka
Toilette toalet
tot mrtav, mrtva, -o
töten ubijati-ubijam,
ubiti-ubilem (vo.)
Tourist turist
tragen nositi-nosim
traurig tužan, tužna, -o
treffen, sich
naći se-nađem se (vo.),
nalaziti se-nalazim se
Treppe stubište
trinken piti-pijem,
popiti-popijem (vo.)
Trinkgeld bakšiš
trocken suh, -a, -o
trotzdem ipak
Tuch (Kopf-, Taschen-)
marama, rubac
tun činiti-činim,
učiniti-učinim (vo.)
Tür vrata (Mz)
tut mir leid žao mi je
Tüte vreća

U

Übelkeit muka
über (örtl.) iznad
über (Thema) o
überall svagdje
überall; überallhin
svuda
übermorgen
preksutra
übrigen, die ostali, -e,
Uhr sat
um (zeitl.) u
um, herum oko
umgekehrt obratno
und i
und aber a
Unfall/Unglück
nesreća
ungefähr otprilike
unser naš, -a, -e
unten dolje
unter (örtl.) ispod
unter (Richt.) pod
unterhalten, sich
razgovarati-razgovaram
Unterhemd, T-Shirt
majica
Unterkunft smještaj
Unterschied razlika
Unterschrift potpis

V

Vater otac
verabreden
dogovarati-dogovaram,
dogovoriti-dogovorim (vo.)
Verbindung veza
verboten
zabranjen, -a, -o
verdienen
zarađivati-zarađujem,
zaraditi-zaradim (vo.)
vergessen
zaboraviti-zaboravim
(vo.), zaboravljati-
zaboravljam
Verhältnis odnos
verheiratet vjenčan, -a
verheiratet (Frau)
udata
verheiratet (Mann)
oženjen
Verkauf prodaja
verkaufen
prodati-prodam (vo.),
prodavati-prodajem
Verkäufer, -in
prodavac, -vačica
Verkaufsstelle
prodavnica
Verkehr saobraćaj
verletzen
ozlijediti-ozlijedim
verlieben, sich
zaljubiti se-zaljubim se
(vo.)
verlieren gubiti-gubim,
izgubiti-izgubim (vo.)
Verlobter, Verlobte
zaručnik, -nic
vermieten
iznajmiti-iznajmim (vo.),
iznajmljivati-iznajmljujem
verschiedene
razni, -e, -a (Mz)
Versicherung
osiguranje

verspäten, sich
kasniti-kasnim
verstehen
razumjeti-razumijem
Vertrag dogovor
Verwandtschaft
rodbina
viel mnogo
viel, viele puno
viele mnogi, -e, -a (Mz)
vielleicht možda
viertel, Viertel
četvrt (w)
Vogel ptica
Volk narod
voll pun, -a, -o
von (Richt. u. zeitl.) od
von (Thema) o
von herab
s, sa (+ e. Fall)
vor (örtl.) ispred
vor (Richt.) pred
vor (zeitl.); vorher prije
vorbereiten
pripremati-pripremam,
pripremiti-pripremim (vo.)
vorgestern prekjuče(r)
vormittag, -s
prijepodne
vorne; vorwärts
naprijed
Vorsicht pažnja, pozor
vorsichtig
oprezan, -zna, -o

W

Wagen kola (Mz)
Waggon vagon

während za vrijeme
Wahrheit istina
Wald šuma
Wand, Mauer zid
wann kada
Ware roba
warm topao, topla, -o
warten čekati-čekam
Warteraum čekaonica
warum zašto
was što
was für ein, -e kakav, kakva, -o
Wasser voda
wechseln, ändern mijenjati-mijenjam, primijeniti-promijenim (vo.)
Wechselstube mjenjačnica
wecken buditi-budim, probuditi-probudim (vo.)
Weg put
wegen zbog
wehtun boljeti-boli
weiblich ženski, -a, -o
weil, denn jer, zato što
Wein vino
weinen plakati-plačem
weit weg dalek, -a, -o
welche, -r, -s koj, -a, -e
Welt svijet
wem komu, kome
wen koga
wenig malo
weniger manje (Adverb)
wenn (Bedingung) ako
wer tko

werden postati-postanem (vo.), postajati-postajem
Werkzeug alat
Wert vrijednost (w)
wessen čiji, -a, -e
Westen zapad
Wetter vrijeme
wichtig važan, važna, -o
wie (Frage) kako
wie (Vergleich) kao
wieder opet
wieviel koliko
Wind vjetar
Winter zima
wir mi
Wirt, -in gazda, -rica
wissen kennen znati-znam
Witz vic
wo gdje
Woche tjedan
woher odakle, otkuda
wohin kamo, kuda
wohnen stanovati-stanujem
Wohnung stan
wollen htjeti-hoću
womit čime
Wort riječ (w)
Wörterbuch rječnik
wovon čega
wunderbar divan, divna, -o, prekrasan, -sna, -o
wünschen željeti-želim
Wurst (Dauer-, Brat-) kobasica
Wurst (Wiener) virš

Z

Zahl broj
zahlen plaćati-plaćam, platiti-platim (vo.)
Zahn zub
Zahnpasta pasta za zube
zeigen pokazati-pokažem (vo.), pokazivati-pokazujem
Zeit vrijeme
Zeitung novine (Mz)
Zentrum centar
Zimmer soba
zu (Richt.) k, kad
zu Fuß pješice
zu Hause doma, kod kuće
zu sehr; zuviel previše
Zucker šećer
zufrieden zadovoljan, -ljna, -o
Zug (Eisenbahn) vlak
zumachen, schließen zatvarati-zatvaram, zatvoriti-zatvorim (vo.)
zurück nazad, natrag
zurückgeben vraćati-vraćam, vratiti-vratim (vo.)
zusammen skupa, zajedno
Zusammenstoß sudar
zweite, -r, -s drugi, -a, -o
zwischen između

A

a und aber
aerodrom Flughafen
ako wenn (Bedingung)
aktualan, -lna, -o
  aktuell
alat Werkzeug
ali aber
Austrija Österreich
Austrijanac, -nka
  Österreicher, -in
autoput Autobahn
adresa Adresse
apoteka, ljekarna
  Apotheke
autobus Bus
avion Flugzeug

B

banka Bank (Geld)
bašta, vrt Garten
biljka Pflanze
Bog Gott
bol Schmerz
boja, farba Farbe
bolnica Krankenhaus
buditi-budim,
  probuditi-probudim (vo.)
  wecken
baba, baka
  Großmutter, Oma
bakšiš Trinkgeld
bazen
  Schwimmbad, -becken
bankomat
  Geldautomat
bez ohne

bez olova bleifrei
biber, papar Pfeffer
bife (m) Bar; Buffet
biro Büro
biti-sam sein (Verb)
bicikl Fahrrad
bijeli luk Knoblauch
blagajna Kasse
boca, flaša Flasche
bogat, -a, -o reich
bolest (w) Krankheit
bolestan, -sna, -o
  krank
boljeti-boli wehtun
bolji, -a, -e besser
bogataš Reicher
brdo Berg
brkovi (Mz)
  Schnurrbart
brz, -a, -o schnell
brada Bart
brak Ehe
brod Schiff
broj Nummer; Zahl
brat (Mz: braća)
  Bruder
brzina Geschwindigkeit

C

čamac Boot
često (Adverb) häufig
čiko Nennonkel
čuvati-čuvam,
  sačuvati-sačuvam (vo.)
  schützen
čuvati-čuvam,
  sačuvati-sačuvam (vo.)
  behalten

čaj Tee
čaša Glas (Trink-)
čega wovon
čekati-čekam warten
čekaonica Warteraum
čestitati-čestitam
  gratulieren
četvrt (w)
  viertel, Viertel
čiji, -a, -e wessen
čime womit
činiti-činim, učiniti-
  učinim (vo.) tun
čist, -a, -o sauber
čistiti-čistim,
  očistiti-očistim (vo.)
  reinigen
čovjek Mensch
čuti-čujem hören
  (vernehmen)
čvrst, -a, -o fest
crkva Kirche
centar Zentrum
cesta Landstraße
cipela Schuh
cijeli, -a, -o; sav, sva, svo
  ganze, -r, -s
cijena Preis
cjenjkati se-cjenjkam se
  feilschen
cura, djevojka
  Freundin, Partnerin
cvijet (Mz: cvijeće)
  Blume

D

da ja
dan Tag

divan, divna, -o,
prekrasan, -sna, -o
wunderbar
doći-dođem (vo.),
dolaziti-dolazim
kommen
dom Heim
da dass, um zu
da li, dal' ob
dalek, -a, -o weit weg
danas heute
danju tagsüber
dati-dam (vo.), davati-
dajem geben
daljina Entfernung
debeo, debela, -o dick
derati se-derem se
schreien
desno rechts;
nach rechts
dio (m) (Mz.:dijelovi)
Teil
dijete (Mz: djeca)
Kind
dječak Junge;
junger Mann
dječak, dečko, momak
Freund, Partner
djed Großvater, Opa
djevojka junge Frau
djevojčica Mädchen
dnevan, dnevna, -o
täglich
do bis
dobar, dobra, -o gut
dogovor Vertrag
doktor Doktor
doktorica Ärztin
dolazak Ankunft
dolje unten

doma, kod kuće
zu Hause
doma, kući
nach Hause
domaći -a, -e
einheimisch
dopušten, -a, -o erlaubt
doručak Frühstück
dosadan, dosadna, -o
langweilig
dosta genug
dobivati-dobivam,
dobiti-dobijem (vo.)
bekommen
dogovarati-dogovaram,
dogovoriti-dogovorim
(vo.) verabreden
dolina Tal
domaćica
Gastgeberin; Hausfrau
domaćin Gastgeber
drvo Baum
drvo Holz
držati-držim halten
drag, -a, -o lieb, nett
drug, -arica;
prijatelj, -ica
Freund, -in
drugi, -a, -o
andere, -r, -s
drugi, -a, -o
zweite, -r, -s
drugačije, drukčije
anders
dućan Geschäft
dubok, -a. -o tief
dug, -a, -o lang
duhan Tabak
duže (Adverb) länger
dubina Tiefe

eno!, eto!, evo! da!
e-mail, elektronska
pošta E-Mail
Engleska England

ferije (Mz) Ferien
faliti-falim fehlen
familija, obitelj (w)
Familie
fešta, žurka Fete
Francuska Frankreich
frižider Kühlschrank
funkcionirati-
funkcioniram
funktionieren

gol, gola, -o nackt
gost Gast
guza Po
grditi-grdim schimpfen
gazda, -rica Wirt, -in
galama Larm
garderoba
Gepäckaufbewahrung
gdje wo
gladan, gladna, -o
hungrig
glava Kopf
glup, -a, -o dumm; doof
glasan, -sna, -o laut
glavni, -a, -o
Haupt-

gledati-gledam, pogledati-pogledam (vo.) schauen, gucken
godina Jahr
gore oben
gospođa Frau (Anrede)
gospođica Fräulein
gotov, -a, -o fertig
govedo Rind
gospodin Herr
gostionica Gaststätte
gostoprimstvo Gastfreundschaft
govoriti-govorim sprechen, reden
grlo Hals (Kehle)
grad Stadt
graditi-gradim bauen
grudi (w Mz) Busen
građanin, građanka Bürger, -in
greška Fehler
gripa Grippe
groznica hohes Fieber
gubiti-gubim, izgubiti-izgubim (vo.) verlieren

H

haljina Kleid
hitan, hitna, -o eilig
hitna pomoć Notarzt
hladan, hladna, -o kalt
hlače (Mz) Hose
hotel Hotel
Hrvatska Kroatien
hrvatski, -a, -o kroatisch

hrunka, vilica Gabel
htjeti-hoću wollen
hvala Danke

I

i und
igra Spiel
igrati (se)-igram (se) spielen
ili oder
imati-imam haben
ime Name
ipak trotzdem
istina Wahrheit
isto auch, genauso
istok Osten
izlaz Ausgang
iznenada plötzlich
iako obwohl
ići-idem fahren, sich fortbewegen, gehen
injekcija Spritze
internet Internet
interesirati-interesiram interessieren
ispod unter (örtl.)
ispred vor (örtl.)
iz aus (Richt.)
izaći-izaćem (vo.), izlaziti-izlazim rausgehen
iza hinter
izgledati-izgledam aussehen
izliječiti-izliječim (vo.), liječiti-liječim heilen, behandeln
između zwischen

iznajmiti-iznajmim (vo.), iznajmljivati-iznajmljujem mieten; vermieten
iznad über (örtl.)
izračunati-izračunam (vo.), računati-računam rechnen

J

jaje Ei
jak, -a, -o stark
jako (Adverb), veoma, vrlo sehr
juha Suppe
ja ich
jači, -a, -e stärker
Jadran Adria
jakna Jacke
jasan, jasna, -o klar
jedno drugo einander
jelo Speise
jelovnik Speisekarte
jer, zato što weil, denn
jesti-jedem, pojesti-pojedem (vo.) essen
jezero der See
jedanput, jednom einmal
još noch
juče(r) gestern
jug Süden
jutro Morgen

K

k, kad zu (Richt.)
kćerka Tochter
karta Karte
kazati-kažem, reći-reknem (vo.) sagen
koji, -a, -e welche, -r, -s
koštati-koštam kosten (Geld)
kupati se-kupam se, okupati se-okupam se (vo.) baden
kupiti-kupim (vo.), kupovati-kupujem kaufen
krv (w) Blut
kada als, wenn (zeitl.)
kada wann
kafić Cafe (schick)
kakav, kakva, -o was für ein, -e
kako wie (Frage)
kamo, kuda wohin
kao wie (Vergleich)
kašljati-kašljem husten
kasniti-kasnim verspäten, sich
kasno spät
kat Etage
kava Kaffee
kazna, globa Strafe
kavana Cafe, Kneipe
kemijska olovka Kugelschreiber
kiša Regen
kisela voda Mineralwasser

kiseo, kisela, -o sauer
ključ Schlüssel
klozet Klo
knjiga Buch
koga wen
kola (Mz) Wagen
kolač Kuchen
kolodvor Bahnhof
kolosijek Gleis
komad Stück
komu, kome wem
konoba Kneipe
konobar, -ica Kellner, -in
konopac Seil
koristan, -sna, -o nützlich
košulja Hemd
kosa Haar
kotač Rad
koža Haut; Leder
kobasica Wurst (Dauer-, Brat-)
kod bei (örtl.)
koliko wieviel
kompjuter, kučište Computer, Rechner
kondukter Schaffner
koristiti-koristim benutzen
kraj Ende
kreditna kartica Kreditkarte
krenuti-krenem (vo.), kretati-krećem, poći-podem (vo.), polaziti-polazim losgehen, -fahren

kretati se-krećem se bewegen, sich
krače (Adverb) kürzer
krasti-kradem stehlen
kratak, kratka, -o kurz
krevet Bett
kroz durch
kroz in (zeitl.)
kruh Brot
kuća Haus
kuhinja Küche
kupaće gaće (Mz) Badehose
kupaći kostim Badeanzug
kupe (m) Abteil
kušet Liegewagen
kupaonica Badezimmer
kupovina Einkauf
kvar Panne

L

led Eis (Wassereis)
leđa (Mz) Rücken
lice Gesicht
list Blatt
lopov Dieb
luka Hafen
lak, -a, -o einfach, leicht
letjeti-letim fliegen
ležaj Liegeplatz
ležati-ležim liegen
litra Liter
liječnik, doktor Arzt
lijek Arznei

lij<u>e</u>n, -a, -o faul
lij<u>e</u>p, -a, -o schön
lij<u>e</u>vo links; nach links
ljubav (w) Liebe
ljudi (Mz) Leute
ljeto Sommer
ljubavnik, -nica
  Geliebter, Geliebte
ljubazan, -zna, -o
  freundlich
ljutiti se-ljutim se
  ärgern, sich
lomiti-lomim,
  polomiti-polomim (vo.)
  brechen
loš, -a, -e schlecht

M

majstor Meister
mali, mala, -o klein
mastan, masna, -o fett
meso Fleisch
mi wir
mir Frieden
miran, mirna, -o
  friedlich
mobitel Mobiltelefon,
  Handy
moj, -a, -e mein
more Meer
muž Ehemann
majica Unterhemd,
  T-Shirt
malo wenig
manje (Adverb) weniger
manji, -a, -e kleiner
marama, rubac Tuch
  (Kopf-, Taschen-)

marka Mark (DM);
  Marke
maslac, putar Butter
mati, majka Mutter
minuta Minute
mio, mila, -o
  liebste, -r, -s
mišić Muskel
misliti-mislim denken
misliti-mislim meinen
mijenjati-mijenjam,
  primijeniti-promijenim
  (vo.) wechseln, ändern
miran, mirna, -o ruhig
mjenjačnica
  Wechselstube
mjesec Monat; Mond
mjesečan, -čna, -o
  monatlich
mjesto Ort
mjesto Platz
  (Raum)
mlad, -a, -o jung
mlijeko Milch
mnogi, -e, -a (Mz) viele
mnogo viel
moći-mogu können
moguć, -a, -e möglich
mokar, mokra, -o nass
moliti-molim bitten
momak Mann, junger
možda vielleicht
mogućnost (w)
  Möglichkeit
motocikl Motorrad
mrtav, mrtva, -o tot
muka Übelkeit
muški, -a, -o männlich
muzika, glazba Musik
muškarac Mann

N

naći se-nađem se (vo.),
  nalaziti se-nalazim se
  treffen, sich
naći-nađem (vo.),
  nalaziti-nalazim
  finden
nakit Schmuck
namirnice (Mz)
  Lebensmitte
narod Volk
narodnost (w)
  Nationalität
nemati-nemam
  nicht haben
noć (w) Nacht
nos Nase
nož Messer
na an, auf
  (örtl. u. Richt.)
nalaziti se-nalazim se
  befinden, sich
naočari (Mz) Brille
napraviti-napravim (vo.),
  praviti-pravim
  machen, herstellen
naprijed vorne; vorwärts
naš, -a, -e unser
nažalost leider
nazad, natrag zurück
nazad, straga hinten
namještenik, -nica
  Angestellte, -r
napisati-napišem (vo.),
  pisati-pišem
  schreiben
naručiti-naručim (vo.),
  naručivati-naručujem
  bestellen

Kroatisch – Deutsch

naučiti-naučim (vo.)
lehren; lernen
ne nein, nicht
nebo Himmel
negdje irgendwo
nego als (Vergleich)
nekada irgendwann
nekako irgendwie
nekoliko einige
nešto etwas
nesreća Unfall/Unglück
netko jemand,
irgendwer
neudata ledig
(bei Frauen)
nevrijeme Gewitter,
Unwetter
neoženjen ledig
(bei Männern)
ni, niti auch nicht
nitko niemand
nizak, niska, -o niedrig
Nijemac Deutscher
nijedan, nijedna, -o
keine, -r, -s
njegov, -a, -o sein
(besitzanzeigend)
Njemačka
Deutschland
njemački, -a, -o
deutsch
Njemica Deutsche
njezin, -a, -o ihr (w)
njihov, -a, -o ihr (Mz)
njkada nie
njšta nichts
noću nachts
noga Bein, Fuß
nositi-nosim
tragen

nositi-nosim,
ponjeti-ponesem (vo.)
mitbringen, -nehmen
(Sachen)
nov, -a, -a neu
novac, pare (Mz) Geld
novine (Mz) Zeitung

O

o über; von (Thema)
obala Küste
običaj Brauch
obradovati se-
obradujem se (vo.),
radovati se-radujem se
freuen, sich
obratno umgekehrt
ocat Essig
odakle, otkuda woher
odgovor Antwort
odjeća Kleidung
odlazak Abfahrt
odmor Erholung
odnos Verhältnis
oko (Mz: oči) Auge
okus Geschmack
ona sie (w)
onaj, ona, ono jene, -r, -s
onda, tada dann
oni, one, ona sie (Mz)
ono es
općina Gemeinde
opasan, opasna, -o
gefährlich
opet wieder
oprezan, -zna, -o
vorsichtig
oproštaj Abschied

organ Organ
ormar Schrank
osim außer
osoba Person
ostajati-ostajem,
ostati-ostanem (vo.)
bleiben
ostali, -e, übrigen, die
otac Vater
otok Insel
otvoren, -a, -o
geöffnet, offen
ovaj, ova, ovo;
taj, ta, to diese, -r, -s
oženjen verheiratet
(Mann)
ozbiljan, -ljna, -o
ernst, ernsthaft
oblačiti-oblačim,
obući-obučem (vo.)
anziehen (Kleidung)
od seit
od von (Richt. u. zeitl.)
odgovarati-odgovaram,
odgovoriti-odgovorim
(vo.) antworten
ogledalo Spiegel
oko um, herum
okrugao, okrgla, -o
rund
on er
ondje dort; hier
opasnost (w) Gefahr
oporaviti se-oporavim se
(vo.), oporavljati se-
oporavljam se
genesen
oprostiti-opraštati,
opraštam-oprostim
(vo.) entschuldigen

ordinacija Arztpraxis
osiguranje Versicherung
otprilike ungefähr
otvarati-otvaram, otvoriti-otvorim (vo.) aufmachen, öffnen
ozlijediti-ozlijedim verletzen

P

par ein paar, das Paar
pažnja, pozor Vorsicht
piće Getränk
pismo Brief
pitanje Frage
pitati-pitam fragen
pivo Bier
pod Boden
podne Mittag
pojam Begriff
poseban, -bna, -o besondere, -r, -s
poziv Anruf; Einladung
put Reise; Weg
prvi, -a, -o erste, -r, -s
pada kiša es regnet
pada snijeg es schneit
pakovati-pakujem packen
pametan, -tna, -o klug
papir Papier
pasta za zube Zahnpasta
paušalan, -lna, -o pauschal
padati-padam fallen
pansion Pension

parkiralište, parking Parkplatz
parkirati-parkiram parken
pecivo Gebäck
pijan, -a, -o betrunken
piti-pijem, popiti-popijem (vo.) trinken
pijesak Sand
pioča Platte
pješice zu Fuß
pjesma Lied
pjevati-pjevam singen
plaća Lohn
plaćati-plaćam, platiti-platim (vo.) zahlen
plan Plan
plaža Strand
ples Tanz
pluća (Mz) Lunge
plakati-plačem weinen
planina Gebirge
plesati-plešem tanzen
plitak, plitka, -o flach
plivati-plivam schwimmen
po je, pro
početi-počnem (vo.), počinjati-počinjem anfangen
pogrešan, -šna, -o falsch
poklon Geschenk
pokret Bewegung
pokvaren, -a, -o kaputt
pol, pola halb
polje Feld
poljubac Kuss

pomoć (w) Hilfe
popraviti-popravim (vo.), popravljati-popravljam reparieren
pošta Post
pošten, -a, -o ehrlich
posao (m) Arbeit, Tätigkeit
posjet Besuch
posjetiti-posjetim (vo.) besuchen
poslati-pošaljem (vo.), slati-šaljem schicken, senden
poslije nach (zeitl.); nachher
poslijepodne Nachmittag, -s
posljednji, -a, -e; zadnji, -a, -e letzte, -r, -s
postaja Haltestelle
postaja Station
postati-postanem (vo.), postajati-postajem werden
potpis Unterschrift
potreban, -bna, -o nötig, notwendig
povrće Gemüse
pozdrav Gruß
poznat, -a, -o bekannt
pozvati-pozovem (vo.) anrufen
pozvati-pozovem (vo.), zvati-zovem einladen
pod unter (Richt.)
pokazati-pokažem (vo.), pokazivati-pokazujem zeigen

polako langsam (Adverb)

policija Polizei

polovina Hälfte

pomagati-pomažem, pomoći-pomognem (vo.) helfen

ponašati se-ponašam se benehmen, sich

ponekad manchmal

pored, pokraj neben

posteljina Bettzeug

postojati-postojim existieren

potražiti-potražim (vo.) suchen

prljav, -a, -o schmutzig

prsa (s. Mz.) Brust

prst Finger

prazan, prazna, -o leer

praznik, blagdan Feiertag

priča Geschichte

pričati-pričam erzählen

primati-primam, primiti-primim (vo.) annehmen

priroda Natur

probati-probam probieren

proljev Durchfall

prostor Raum

prav, -a, -o echt; gerade

pravo geradeaus

prehlada Erkältung

prekjuče(r) vorgestern

preksutra übermorgen

prestajati-prestajem, prestati-prestanem (vo.) aufhören

previše zu sehr; zuviel

prezime Nachname, Zuname

prebivalište Aufenthaltsort

pred vor (Richt.)

preporučiti-preporučim (vo.), preporučivati-preporučujem empfehlen

prijatan, -tna, -o angenehm

prijati-prijam schmecken

prije vor (zeitl.); vorher

prije nego bevor

prijepodne Vormittag, -s

pristanište Anlegestelle

prijaviti-prijavim (vo.), prijavljivati-prijavljujem anmelden

primijetiti-primijetim (vo.), primjećivati-primjećujem bemerken

pripremati-pripremam, pripremiti-pripremim (vo.) vorbereiten

problem Problem

prodaja Verkauf

prodati-prodam (vo.), prodavati-prodajem verkaufen

prodavnica Verkaufsstelle

proljeće Frühling

proslava Feier

prozor Fenster

prodavac, -vačica Verkäufer, -in

proizvod Produkt

protiv gegen

prtljaga Gepäck

psovka Schimpfwort

psovati-psujem fluchen

ptica Vogel

pun, -a, -o voll

puno viel, viele

pušač Raucher

pušiti-pušim rauchen

put mal; Mal

putovati-putujem reisen

putovnica, pasoš Reisepass

R

rdrastao, -sla Erwachsene(r)

rdrastao, -sla, -o erwachsen

rad Arbeit

raditi-radim arbeiten

raditi-radim, uraditi-uradim (vo.) machen, tun

radnik, -nica Arbeiter, -in

razglednica Ansichtskarte

razlika Unterschied

razlog Grund, Ursache

ra̲zni, -e, -a (Mz)
verschiedene
re̲d Ordnung
ru̲čak Mittagessen
ru̲ka Hand
ra̲čun Rechnung
ra̲do gerne
ra̲kija Schnaps
ra̲no früh
ra̲skrsnica Kreuzung
ra̲zgovor Gespräch
razgova̲rati-razgovaram
unterhalten, sich
razu̲mjeti-razu̲mijem
verstehen
re̲zati-re̲žem
schneiden
re̲zervni dije̲lovi
Ersatzteile
resto̲ran Restaurant
rezerva̲cija
Reservierung
ri̲ba Fisch
ri̲ža Reis
rije̲č (w) Wort
rije̲ka Fluss
rije̲tko (Adverb) selten
rje̲čnik Wörterbuch
ro̲ba Ware
ro̲bna ku̲ća Kaufhaus
ro̲dbina
Verwandtschaft
ro̲ditelji (Mz) Eltern
ro̲diti se-ro̲dim se
geboren werden
ro̲štilj Grill
ro̲đaka die Verwandte
ro̲đen, -a, -o geboren
ro̲đendan Geburtstag
ro̲đenje Geburt

ru̲čnik Handtuch
ru̲ksak Rucksack

S

s kim, s ki̲me Mit wem
s, sa (+ e̲. Fall)
von herab
s, sa (+ 7. Fall) mit
ša̲lica Tasse
ša̲lter Schalter
ša̲ren, -a, -o bunt
še̲ćer Zucker
ši̲rok, -a, -o breit
ši̲bica Streichholz
šle̲pati-šle̲pam,
odšle̲pati-odšle̲pam
(vo.) abschleppe
šta̲nd Stand
(Verkaufs-)
šte̲ta Schaden
šte̲dionica Sparkasse
što̲ was
što̲f Stoff (Kleider-)
šu̲ma Wald
Švi̲carska Schweiz
sa̲m, -a, -o selbst
sa̲t Stunde; Uhr
si̲n Sohn
so̲k Saft
so̲l (w) Salz
su̲h, -a, -o trocken
su̲nce Sonne
su̲sjed Nachbar
su̲sjeda Nachbarin
sa̲da jetzt
sa̲mo nur
sa̲n Schlaf
sa̲obraćaj Verkehr

se̲, se̲be sich
se̲ljak, se̲ljanka
Bauer, Bäuerin
se̲lo Dorf
se̲rvis Service
se̲stra Schwester
shva̲ćati-shva̲ćam,
shva̲titi-shva̲tim (vo.)
begreifen
si̲ći-si̲đem(vo.),
si̲laziti-si̲lazim
aussteigen
si̲guran, si̲gurna, -o
sicher
si̲r Käse
si̲t, -a, -o satt
siro̲mašan, -šna, -o
arm
sje̲ćati se-sje̲ćam se,
sje̲titi se-sje̲tim se
(vo.) erinnern, sich
sje̲djeti-sje̲dim sitzen
sje̲ver Norden
ski̲dati-ski̲dam,
ski̲nuti-ski̲nem (vo.)
ausziehen (Kleidung)
sku̲p, -a, -o teuer
sko̲ro bald
sku̲pa, za̲jedno
zusammen
sla̲gati se-sla̲žem se
einverstanden sein
sla̲n, -a, -o salzig
sla̲b, -a, -o schwach
sla̲dak, sla̲tka, -o süß
sla̲doled Eis
(Speiseeis)
sla̲stice Süßspeisen
sla̲stičarnica
Konditorei

sličan, slična, -o
ähnlich

slika Bild

sljedeći, -a, -e
nächste, -r, -s

slobodan, -dna, -o frei

slovo Buchstabe

sloboda Freiheit

slušati-slušam hören
(lauschen)

službenik, -nica
Beamte, -r

smetati-smetam
stören

smijati se-smijem se
lachen

smiješan, -šna, -o
lustig

smještaj Unterkunft

smjeti-smijem dürfen

snaga Kraft

snijeg Schnee

soba Zimmer

spavati-spavam
schlafen

spol Geschlecht

spor, -a, -o langsam

sport Sport

Srbija Serbien

srce Herz

srpski, -a, -o serbisch

sredstvo Mittel

sreća Glück

srebro Silber

sretan, sretna, -o
glücklich

stan Wohnung

stajati-stojim stehen

stanovati-stanujem
wohnen

star, -a, -o alt

staviti-stavim (vo.),
stavljati-stavljam
stellen, legen

stići-stignem (vo.),
stizati-stižem
ankommen

stol Tisch

strah Angst

stran, -a, -o
ausländisch

strana Seite

stranac, strankinja
Ausländer, -in

stubište Treppe

student, -ica
Student, -in

stvar (w) Sache

sudar Zusammenstoß

suknja Rock

sunčan, -a, -o sonnig

sutra morgen

sunčanica
Sonnenstich

sviđati se-sviđam se
gefallen

svoj, -a, -e eigene,-r,-s

svadba Hochzeit

svagdje überall

svaki, svaka, -o
jede, -r, -s

svađa Streit

svađati se-svađam se
streiten, sich

svatko jeder,
jedermann

sve alles

svi, sve, sva alle

svijet Welt

svijetao, -tla, -o hell

svinja Schwein

svjež, -a, -e frisch

svuda überall;
überallhin

T

tajni broj
Geheimzahl, PIN

taman, tamna, -o
dunkel

teta, tetka Tante

težak, teška, -o
schwer; schwierig

ti du

torba Tasche

tu da

tuđ, -a, -e fremd

tužan, tužna, -o traurig

trg Platz (i.d. Stadt)

takav, takva, -o
so ein, -e

taksa Gebühr

taksist Taxifahrer

tamo dort, dorthin

tanak, tanka, -o dünn

tanjur Teller

tata (m) Papa

tamo dahin

teatar, kazalište
Theater

televizija, televizor
Fernsehen, Fernseher

temperatura Fieber

tih, -a, -o leise

tiši, -a, -e leiser

tijelo Körper

tišina Ruhe

tjedan Woche

tko wer
točan, točna, -o genau; richtig
topao, topla, -o warm
toplice Kurort
toalet Toilette
toliko soviel
trbuh Bauch
trčati-trčim laufen
tržnica Markt, Markthalle
truditi se-trudim se bemühen, sich
trafika Kiosk
trajati-trajem dauern
trajekt Fähre
tramvaj Straßenbahn
trebati-trebam brauchen
trebati-trebam sollen
trgovac Kaufmann
trolejbus Oberleitungsbus
tučnjava Schlägerei
turist Tourist
tuš Dusche
tuširati se-tuširam se duschen
tvoj -a, -e dein
tvrd, -a, -o hart

U

u am, um (zeitl.)
u in (örtl. u. Richt.)
u nach (Richt.)
u stvari eigentlich
učenik, -nica Lehrling, Schüler, -in
učtelj, -ica Lehrer, -in
udarati-udaram, udariti-udarim (vo.) schlagen
udata verheiratet (Frau)
ugao (m) Ecke
uho (Mz: uši) Ohr
ujutro morgens
ukusan, ukusna, -o schmackhaft
ulaz Eingang
ulica Straße
uljudnost(w) Höflichkeit
umjetnost (w) Kunst
umoran, umorna, -o müde
uspjeh Erfolg
uspjeti-uspijem (vo.) gelingen, klappen
uspjeti-uspijem (vo.) schaffen (es)
uvijek immer
uzak, uska, -o eng, schmal
uzeti-uzmem (vo.), uzimati-uzimam nehmen
ubijati-ubijam, ubiti-ubilem (vo.) töten
ući-uđem (vo.) reingehen
udavati se-udajem se heiraten (Frau)
ulje Öl
unutra drinnen
unutra rein
upaljač Feuerzeug

upoznati-upoznam (vo.) kennenlernen
usta (Mz) Mund
uveče(r) abends

V

vani draußen
važan, važna, -o wichtig
vi ihr; Sie (höfl.)
vino Wein
vožnja Fahrt
vagon Waggon
vaš, -a, -e euer, Ihr (beim Siezen)
vatra Feuer
već schon
veći, -a, -e größer
veče(r) Abend
večera Abendessen
velik, -a, -o groß
veza Verbindung
vic Witz
vidjeti-vidim sehen
viršl Wurst (Wiener)
više mehr
visina Höhe
visok, -a, -o hoch
vjenčan, -a verheiratet
vjerovati-vjerujem glauben
vjetar Wind
vjenčavati se-vjenčavam se heiraten
vlak Zug (Eisenbahn)
vlasnik Besitzer
voće Obst

voda Wasser
voditi-vodim
  führen.
voditi-vodim,
  povesti-povedem (vo.)
  mitbringen, -nehmen
  (Personen)
voljeti-volim
  lieben, mögen
vozač Fahrer
vozačka dozvola
  Führerschein
voziti-vozim
  fahren, lenken
vraćati-vraćam,
  vratiti-vretim (vo.)
  zurückgeben
vrata (Mz) Tür
vruć, -a, -e heiß
vreća Tüte
vrijednost (w) Wert
vrijeme Wetter; Zeit
vrtoglavica
  Schwindelgefühl

Z

žedan, žedna, -o
  durstig
živjeti-živim leben
žao mi je tut mir leid
željeti-želim wünschen
željeznica Eisenbahn
želudac Magen
žena Ehefrau, Frau
ženiti se-ženim se
  heiraten (Mann)
ženski uložak
  Damenbinde

ženski, -a, -o
  weiblich
život Leben
životinja Tier
žlica Löffel
zabava
  Spaß u. Unterhaltung
zapad Westen
zaručnik, -nic
  Verlobter, Verlobte
zid Wand, Mauer
zima Winter
zub Zahn
za vrijeme
  während
za für
zabranjen, -a, -o
  verboten
zadovoljan, -ljna, -o
  zufrieden
zar etwa, denn
  (in Fragen)
zašto warum
zato darum
zatvoren, -a, -o
  geschlossen, zu
zauzet, -a, -o
  beschäftigt besetzt
zaboraviti-zaboravim
  (vo.), zaboravljati-
  zaboravljam
  vergessen
zaljubiti se-zaljubim se
  (vo.) verlieben, sich
zanimanje Beruf
zanimati-zanimam
  beschäftigen
zarađivati-zarađujem,
  zaraditi-zaradim (vo.)
  verdienen

zatvarati-zatvaram,
  zatvoriti-zatvorim (vo.)
  zumachen, schließen
zbog wegen
zdravlje Gesundheit
zdrav, -a, -o gesund
zemlja Erde; Land
zgodan, zgodna, -o
  hübsch
zgrada Gebäude
zlato Gold
značiti-znači bedeuten
znati-znam
  wissen kennen
zrak Luft
zvati se-zovem se
  heißen
zvati-zovem rufen

Der Autor

Dragoslav Jovanović, 1964 als gesamt-jugoslawischer Mischling geboren und in Deutschland aufgewachsen. Lernte als Muttersprache noch das inzwischen ausgestorbene „Serbokroatisch", übte es jahrelang fleißig mit Freunden und Verwandten in Kroatien, Serbien, Bosnien-Herzegowina, studierte es neben anderen slawischen Sprachen – und ist jetzt halt plötzlich mehrsprachig.